승자가 가르쳐주는 성공법칙

승자가 가르쳐주는 성공법칙

승자가 가르쳐주는 성공 법칙

3년 후 더 빛나는 나를 위해 성공을 준비하라!

스티브 쿰버, 마크 우즈 지음 | 신승미 옮김

이 책은 성공을 원하는 사람들을 위한 책이다. 하지만 새로운 경영 이론을 제시하거나 사업 모형을 세우려고 하지 않았으며 MBA 학생을 대상으로 한 교재도 아니다. 이 책에는 각종 분석 기법, 컴퓨터 운영시스템, 도표, 정산표, 표, 파워포인트 슬라이드, 차트, 도구, 공식, 어려운 연구 보고서, 백서, 녹서, 서류, 장황한 용어 따위는 나오지 않는다.

이 책은 같은 내용을 반복해서 세 번쯤 읽어야 이해되는 기존 책과 다르다. 문장이 간결하며 일과 관련된 정보가 흥미롭게 담겨 있어 각 주제를 10분 안에 읽을 수 있다.

직업 세계는 늘 변화무쌍하며 놀랍고 흥미로운 데다 재미있는 궁금증이 수없이 생기기 마련이다. 이 책은 이처럼 변화무쌍한 상황과 각종 의문에 실용적인 답을 제시한다.

2 회사생활 요령껏 잘하기 위해 알아두면 좋은 것들

③ 동료와 함께 일할 때 알아두면 좋은 것들

④ 출세를 위해 해야 할 것과 하지 말아야 할 것들

5 월급쟁이를 벗어나 더 크게 성공하고 싶다면

1

당장 쓸모없더라도
상식으로 갖춰둘 만한 것들

이력서에 기능이나 경험을 정확하게 기술하지 않고 그럴싸한 내용으로 포장하는가? 자신에게 유리하게 꾸미거나 미래 고용주에게 숨길 점이 있어서 사실과 다른 내용을 적어본 적이 있을 것이다. 이는 여러분뿐만 아니라 모두 경험하는 일이다.

취업전문 사이트 monster.co.uk가 실시한 설문조사에 따르면, 응답자의 40퍼센트가 전 직장을 그만둔 이유를 거짓말로 썼다고 답했다. 또 18퍼센트가 현재 봉급을, 10퍼센트가 자격증을 사실대로 기술하지 않은 것으로 나타났다. 진짜 솔직하게 이력서를 쓴다고 말한 사람은 응답자 가운데 3분의 1에 지나지 않았다.

그러나 오늘날은 인터넷이 발달한 덕분에, 고용주가 응시자들의 정보를 추적하기 아주 쉬워졌다. 따라서 이력서를 거짓으로 꾸미면, 자신의 역량에 벅차거나 적성에 맞지 않는 일을 맡게 되며,

거짓말한 사실이 발각될 경우 평판에 심각한 오점이 남는 위험까지 감수해야 한다. 허위 사항을 적은 이력서를 제출하더라도, 시간이 오래 지나면 자동으로 묻힐 것이라고 생각하는가? 천만의 말씀이다. 이런 착각은 아예 하지 않는 게 좋다.

미국 전자제품 소매업계에서 세 번째로 큰 규모를 자랑하는 라디오섁의 CEO 데이비드 에드먼슨(David Edmondson)은 캘리포니아에 있는 태평양연안 침례대학에서 학위를 받았다고 이력서에 기재했다. 그러나 12년 뒤에 한 신문사가 이 학력이 위조임을 밝혔다. 결국 에드먼슨은 퇴사했는데, 다행히 퇴직금으로 상당한 금액을 받았다.

싱가포르 출신 중역 패트릭 임바델리(Patrick Imbardelli)는 인터콘티넨털 호텔 본사의 이사로 선임될 예정이었다. 하지만 회사 측은 그의 이력서에 잘못이 있음을 밝혀냈다. MBA를 포함해서 사실상 이수하지 않은 학위 몇 개가 적혀 있었던 것이다. 임바델리는 25년 동안 관광업계에 종사했으며, 6년 넘게 인터콘티넨털의 아시아 태평양 지역 사업부문 대표를 맡았고, 2006년에 아시아 태평양 호텔리어로 선정됐던 인물이다. 이처럼 경력이 화려했지만, 이력서에 허위 학력을 기재했음이 밝혀지자 사직 이외에 별다른 선택의 여지가 없었다.

이력서를 허위로 작성한 사실이 발각됐다고 사직해야 한다는 법은 없지만, 그간 쌓아온 명성과 경력에 심각한 손상을 끼친다. 아르질 음료 그룹의 전 대표 제임스 걸리버(James Gulliver)는 후즈후(Who's who, 세계적으로 유명한 현존 인물의 인명사전−옮긴이)에 하버드 대학에서 MBA 과정을 밟았다고 기재돼 있었다. 그러나 사실이 아니었음이 드러났다. 이는 아르질과 기네스가 스코틀랜드 위스키 그룹 디스틸러스를 놓고 23억 파운드짜리 인수 전쟁을 벌이던 중에 불거졌다. 한쪽에서는 학력 위조가 발각돼 걸리버의 평판에 금이 간 탓에 아르질이 엄청난 성공 기회를 놓쳤다고 평했다. 기네스가 디스틸러스를 인수하게 됐기 때문이다.

전 세계에서 수많은 사람들이 허위 이력서에 감시의 눈초리를 보내고 있음을 명심하자.

세상에서 최고의 직업을 고르자면 다분히 주관이 개입되기 마련이다. 점심식사에 소비뇽 블랑을 한잔 곁들이고, 저녁 먹을 때 그란 리세르바 리오하를 마시며, 잠자리에 들기 전에 샤토 디켐을 한 모금 음미하는 사람이라면, 와인 감별사야말로 세상에서 최고의 직업이라고 생각할 것이다.

파티에서 항상 최고의 인기를 누리며 세상만사를 재미있는 말솜씨로 풀어내는 재주가 있는가? 이런 사람들에게는 코미디언이 세상에서 가장 이상적인 직업일 것이다. 그렇지만 주관적인 관점을 떠나 그저 '세상에서 최고의 직업'이 무엇인지 생각해보자.

3위

아주 꼼꼼하고 강박적인 습성이 있는데다, 손상되지 않은 채 자연 그

대로 반짝이는 표면을 좋아하는가? 그렇다면 아주 적당한 직업이 있다. 요란한 웃음소리와 외침이 잦아들고 얼음을 가르는 스케이트 날 소리가 사라진 뒤에 얼음판을 원상 복귀시키는 일이다. 그렇다. 바로 잼보니 운전사가 되는 것이다. 잼보니는 아이스링크의 표면을 고르게 하는 기계로, 유타 주 유레카 출신 프랭크 J. 잼보니(Frank J. Zamboni)가 1949년에 개발했다.

2위

다른 사람의 생명을 구하는 것보다 더 알찬 일이 있을까? 물론 뇌 전문의 자격증을 따려면 14년이 족히 걸리며 그렇다고 해서 봉급이 엄청나지도 않지만, 다른 사람을 도우면서 얻는 만족감이야말로 헤아릴 수 없을 만큼 클 것이다.

1위

늘 야구공을 치고 던지거나, 축구공을 차서 골대에 집어넣거나, 달리기를 하고 높은 데서 뛰어내리면서 자란 사람이라면 프로 운동선수로 살아가는 인생이 제격이다. 체력 유지비를 받고 전 세계를 여행하는데다 평생 좋아하는 운동을 하면서 살아가는 것이다. 수많은 신문과 잡지 표지를 장식할 만큼 세계적으로 뛰어난 기량을 발휘한다면 연봉도 엄청나게 받는다. 골프나 자동차경주나 야구나 테니스나 축구에서 최고 몸값을 자랑하는 선수들은 해마다 수백만 파운드를 벌어들인다. 혹시 신랄하고 멋진 말재주를 선보일 능력이 있다면, 은퇴 뒤에도 텔레비전 해설 프로그램에 전문가로 초빙받아 좋아하는 운동

이야기를 마음껏 펼칠 수 있다.

다들 짐작하겠지만 최고 직업을 주제로 한 설문조사가 전 세계적으로 수없이 실시됐어도, 적어도 우리가 아는 한 잼보니 운전사가 순위권에 든 적은 없었다. 이런 조사 결과에서 흥미로운 점은 어린 시절 가슴에 품었던 장래 희망이 거의 실현되지 않는다는 것이다. 미국 여론조사 전문업체 해리스 인터랙티브가 커리어빌더 닷컴(Careerbuilder.com)과 월트 디즈니의 의뢰로 실시한 설문조사에 따르면, 응답자의 84퍼센트가 현재 하는 일이 어릴 때 꿈꾸던 직업이 아니라고 답했다.

이는 응답자들이 어렸을 때 가졌던 고상한 야망을 고려하면 놀랄 일도 아니다. 행정직 전문가 가운데 33퍼센트가 공주가 되고 싶어 했으며, 제조업 근로자 가운데 22퍼센트가 카우보이가 되는 꿈을 꿨다. 또 의사와 변호사의 반수 이상, 교사 가운데 24퍼센트가 장래 희망이 대통령이었다고 답했다.

"**흰색 바탕에** 은은히 도는 회색빛 좀 봐. 두께감도 좋고 고급스럽네. 세상에, 투명무늬까지 들어가 있군." 영화 〈아메리칸 사이코〉에서 크리스천 베일이 열연한 주인공 패트릭 베이트만은 만사에 적대감을 느끼는 인물로 친구가 멋진 명함을 가지고 으스대는 꼴을 참지 못한다. 결국 주인공은 이 명함 사건을 계기로 무자비한 살인의 늪에 빠져든다.

패트릭 베이트만 같은 사람은 명함에 새겨진 직함 못지않게 명함의 모양과 감촉을 중요하게 여긴다. 이름을 양각으로 새길까? 얼룩지지 않게 고광택 매트 코팅을 할까? 선택 사항이 한없이 많다.

명함에 넣을 내용을 정하고 이름과 회사명, 직함과 연락처를 잘 배치했다고 치자. 이 밖에 또 고심할 부분이 있는가?

그저 간편한 방법을 선택하려고, '100만 달러 값어치 명함'에 정보를 멋지게 인쇄해줄 크레이지달러스 닷컴(crazeydollars.com)에 연락하는 사람도 있을 것이다. 또는 직업 특성상 첨단 기술이 도입된 명함을 만들고 싶어서, 판매 제품을 소개하는 동영상과 음성 파일, 정보까지 저장되는 시디롬 명함을 선택하는 사람도 있을 것이다.

일단 새 명함을 만들었으면, 그다음으로 명함지갑을 결정해야 한다. 어쨌든 새 고객이나 장래 거래처 직원을 만나서 명함을 내밀 때 이들의 눈은 여러분의 외모와 소지품에 고정될 테니 말이다.

100파운드 이상 쓸 여유가 있다면 분홍크리스털이 수백 개 장식된 스와로브스키 명함지갑을 구입할 수 있다. 번쩍거리는 보석이 자기 취향이 아니라면, 격자무늬 가죽에 고유 마크가 찍힌 루이뷔통 명함지갑도 고려해볼 만하다. 또 티파니에서 나온 순은 케이스를 선호하는 사람도 있을 것이다.

기본적으로 명함을 만드는 이유는 장래 사업을 같이할 사람에게 전해줘 여러분을 알리자는 것이다. 그런데 명함을 전달하는 중요한 순간에 실수하는 사람이 많다. 일부 전문가들은 사업상 회의가 어느 정도 마무리됐을 때 명함을 건네라고 조언한다. 반면에 상대방이 명함을 달라고 하기 전에는 절대로 건네지 말라는 전문가도 있다.

오만에서 사업상 건네는 명함에는 반드시 한쪽 면에 아랍어가 씌어 있어야 한다. 마찬가지로 러시아에서 사업할 때는 꼭 러시아어로 된 명함을 사용해야 한다.

일본에는 명함을 주고받는 특유한 법도가 있으며, 이를 메이시(名刺)라고 한다. 일본인들은 메이시가 끝나야 회의를 시작한다. 이

때는 일본어와 여러분의 자국어가 모두 인쇄된 명함을 양손으로 잡고 전달해야 한다. 상대방의 명함을 받은 뒤에는 먼저 내용을 잘 읽은 다음 조심스럽게 탁자에 내려놓는 것이 중요하다.

한편 영화 〈아메리칸 사이코〉에서처럼 여러분의 명함에 과다하게 부러움을 표시하는 사람이 있다면, 이들을 무시하는 태도를 절대로 보이지 말기 바란다.

'학벌 효과'는 '우수한' 학교나 대학을 나온 데서 얻는 사회적·경제적 이득을 말한다. 역사적으로 영국의 계급제도는 갈수록 사회를 완전히 지배하고 있다. 그렇다면 학벌도 마찬가지인가?

그렇다. 2006년에 서튼 트러스트(Sutton Trust, 교육관련 자선단체-옮긴이)는 최상류 대학 졸업생 7퍼센트가 영국에서 영향력 있는 언론인의 절반 이상을 차지하고 있다고 발표했다. 마찬가지로 유명 변호사의 70퍼센트가 최상류 대학 출신이었다. 정치 분야를 보면, 영국에서 가장 고위직인 총리를 지낸 사람 가운데 3분의 1이 이런 대학 출신이었다. 사실 1945년 이후 배출된 영국 총리 12명 가운데 일곱 명이 옥스퍼드를 나왔다. 나머지 네 명 가운데 대학을 나오지 않은 사람은 윈스턴 처칠, 제임스 캘러헌, 존 메이저뿐이다. 한편 고든 브라운은 에든버러 대학 출신이다.

존 메이저는 1996년 총선에서 학벌 좋은 토니 블레어와 경합을 벌이며 '학력'을 조롱거리로 삼는 선거 전략을 펼쳤다. 메이저는 사회 상류층에 어렵게 도달한 성실한 보통 사람이라는 자신의 이미지를 강조하려고 계급 정서를 자극하는 '새로운 노동당, 학연(New Labour, Old School Tie)'이라는 문구로 블레어를 공격했다. 어쨌든 이 선거에서 총리로 당선된 블레어는 이후 세 번이나 연속해서 집권했으나, 그의 교육 배경(엄밀하게 따지면 학연)을 거론한 사람은 거의 없었다.

물론 면접에 모교 넥타이를 매고 간다고 해서 큰 차이는 없을 것이다. 면접관이 동문이라면, 여러분이 면접실에 들어가기 훨씬 전부터 이력서를 보고 그 사실을 알고 있을 테니 말이다. 면접하기 전에 이미 여러분의 특성에 관한 결론과 예상이 어느 정도 나와 있는 셈이다.

오늘날 학연을 맺는 확실한 방법은 인터넷에서 페이스북 같은 인맥 쌓기 사이트를 이용하는 것이다. 페이스북은 하버드 졸업생 마크 주커버그(Mark Zuckerberg)가 2004년 2월에 만들었으며, 개설한 지 18개월 만에 미국 대학 재학생 가운데 85퍼센트의 프로필이 실렸다. 또 문을 연 지 3년 만에 회원이 전 세계적으로 2,500만 명에 달했다. 현재는 누구나 가입할 수 있지만 처음에는 제휴 학교와 대학과 회사 관련자만이 회원으로 등록할 수 있었다.

원래 아이비리그에 뿌리를 둔 페이스북은 많은 사람들이 인맥을 형성하는 데 유용한 구실을 했다. 영국에서는 특히 '명문' 대학 출신자들 사이에서 이 사이트의 인기가 높다.

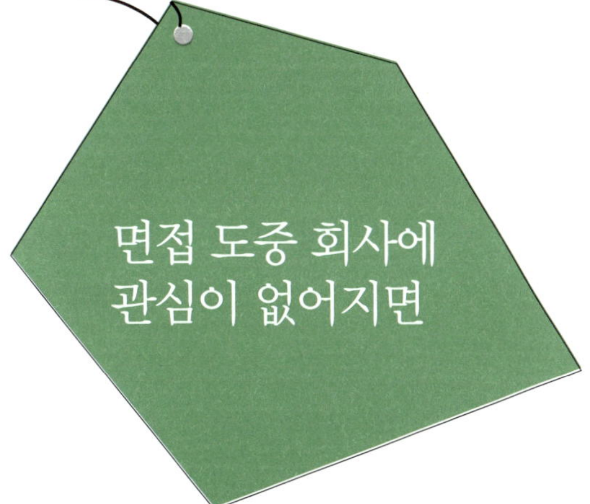

자명종을 잘못 맞춰놓고 잠이 들었다고 치자. 시계가 울리지 않는 바람에 늦잠을 자서 급하게 뛰어가 겨우 버스를 잡아탄다. 버스에서 줄곧 서 있다가 목적지에 내려서 면접 장소로 열심히 뛰어간다. 면접실 문을 급하게 여는 순간에야 땀 때문에 셔츠가 등에 척 달라붙었음을 깨달았는데, 생각해보니 아침에 너무 서두르느라 탈취제도 뿌리지 않았다. 이때부터 진짜 식은땀이 흐르기 시작한다. 이처럼 면접이야말로 몹시 신경 쓰이는 일이다.

ABC 뉴스의 한 시청자는 자신이 면접 볼 때 일어났던 상황을 다음과 같이 이야기했다.

"면접관 네 명이 있는 방에 들어갔어요. 첫 번째 면접관이 수많은 질문이 적힌 목록을 꺼내더니 연달아 열댓 개를 묻더군요. 다행히 모든

질문에 무난하게 답했고 면접관 모두 답변을 아주 열심히 듣더라고
요. 그러고 나서 두 번째 면접관이 질문 목록을 꺼내더니 앞사람과
단어 하나까지 똑같은 질문을 하는 거예요. 처음에는 장난이라고 생
각했어요. 그런데 계속 같은 질문을 하는 거예요. '대체 어떻게 해야
하나?' 싶더라고요. 다시 질문에 답을 했지요. 그러고 나서 세 번째와
네 번째 면접관도 동일한 질문을 하지 뭐예요. 내가 일관성 있게 답
변하는지 보고 싶었겠지만, 아무튼 아주 불편한 면접이었습니다. 자
기 회사의 미래 직원을 대하는 방법치곤 너무 기이했지요."

면접의 형태와 규모는 아주 다양하지만, 대개 제대로 준비된 응
시자는 어느 상황에나 잘 대처한다. 인터넷에는 각종 면접 예상 질
문을 제공하는 웹사이트가 아주 많다. 이런 질문은 대략 다섯 종류
로 나뉜다. 이는 응시자 관련, 과거 직업, 새 직업, 미래 전망, 그 밖
의 영역인 기상천외한 질문이다.

응시자는 어려운 질문에 잘 응답해야 한다. 여기에는 "스트레
스와 압박감을 어떻게 해결할 것인가?", "자신의 약점은 무엇이고,
이를 어떻게 극복하는가?", "지금까지 자신이 이룬 가장 큰 성과가
무엇이며, 이를 어떻게 달성했는가?", "이 직책에 비해 본인의 능
력이 너무 출중하다고 생각지 않는가?" 등이 속한다. 이런 질문만
잘 넘기면 나머지는 답변하기가 쉬울 것이다.

물론 면접을 마치고 나서 해당 직업이 자신에게 맞지 않는다는
생각이 들 수도 있다. 다음은 BBC가 시청자에게 받은 면접 경험담
가운데 하나이다.

"취업 면접을 보는데 한 면접관이 '자신과 관련 없는 것 세 가지'를 말하라고 하더군요. 사실 면접을 시작하자마자 그 회사가 내게 맞지 않는다는 결론을 내린 상태였거든요. 당시 머리에 떠오르는 유일한 답변은 … '이 회사에 관심이 없습니다' 였어요."

자신의 몸값으로 얼마를 받고 싶으냐는 질문에는 대체로 '시장에서 정해진 대로' 라고 답할 것이다. 그러나 이는 그리 간단한 문제가 아니다.

먼저 정부는 시장의 여러 힘과 충돌하는 각종 규제로 개입한다. 2006년에 영국 최저 임금은 시간당 5.35파운드였으며, 이론상으로 보면 모든 노동자가 이 최저치 이상을 받아야 한다.

그렇지만 경제가 세계화되고 시장에 다양한 힘이 작용한다는 말은, 동일한 업무를 하는 노동자라도 사는 나라에 따라서 다른 봉급을 받게 된다는 의미이다. 예를 들어 영국에서는 신입 간호사 연봉이 대략 1만 9,000파운드인 반면, 인도에서는 1,500파운드다. 마찬가지로 영국에서 대학을 갓 졸업한 소프트웨어 개발자가 1년에 대략 2만 파운드를 버는 반면, 인도에서는 동일한 조건이더라도 초기 연봉이 2,000파운드를 한참 밑돈다.

여러 사례 보고에 따르면 최근 몇 년 동안 유럽연합(EU)에 새로 가입한 국가에서 많은 노동력이 영국으로 유입되면서 여러 산업 분야(예를 들면 건축업계)에서 봉급 지급에 관한 경영주의 부담이 상당히 줄어들고 있다.

한편 이에 비해서 CEO 연봉은 끊임없이 최고치를 갱신하며 상승하고 있다. 미국 의회 예산국의 통계 자료에 따르면, 1978년부터 2005년까지 CEO의 연봉은 35배나 올랐으며 이는 일반 노동자 급료의 약 262배에 달한다. 다른 자료에서는 이들의 연봉이 평균소득 계층의 400배라는 추정이 나오기도 한다. 미국 500대 기업에서 고위 경영진의 평균 연봉은 1,090만 달러이다. 그리고 영국 FTSE 100대 기업(FTSE 인터내셔널에서 개발해 산출하는 지수로, 런던국제증권거래소에 상장된 100대 우량주로 구성-옮긴이) 고위 경영진의 평균 연봉은 대략 300만 파운드이다.

고위 경영진의 이처럼 막대한 연봉 증가가 업무 실적 향상에 따라 일어났다는 증거는 거의 없다. 많은 경우 CEO의 평균 업무 능력이 보통 또는 그 이하라도 연봉이 올라간 것으로 나타났다. 그렇다면 어떤 근거로 이들에게 이토록 많은 연봉을 주는가? 막대한 연봉 증가를 지지하는 이들이 주장하는 것은 회사가 적당한 능력을 갖춘 사람을 고용하려면 '시가'에 맞는 인건비를 줘야 한다는 것이다.

그러나 현재 기업들이 직원 인건비를 줄여서 이익을 보려고 많은 업무를 외주로 돌리는 데 반해서, CEO의 임무에 같은 방식을 적용하는 경우는 거의 없다. 예를 들어 2005년에 독일 CEO의 평균 연봉은 비슷한 규모의 미국 기업 CEO의 약 3분의 1에 지나지 않았다. 그렇다면 미국 기업들은 왜 이렇게 인건비가 싼 독일 CEO를 고용하려고 발 벗고 나서지 않는가?

현재 일반인들은 인력시장에서 자신의 몸값을 파악하기가 아주 쉬워졌다. 자신과 비슷한 직위를 찾아 헤매느라고 구인광고를 뚫어지게 살필 필요도 없다. 어차피 구인광고지에는 '봉급 조정 가능'이라고 적혀 있다.

그 대신에 인터넷을 검색해서 salary.com이나 salaryexpert.com 같은 전문직 봉급 비교 사이트 또는 totaljobs.com이나 monster(.com 또는 .co.uk) 등의 취업 전문 사이트를 찾으면 된다. 경우에 따라서 기대보다 상당히 낮은 몸값을 발견할 각오를 해두는 게 좋다(우리나라는 페이오픈www.payopen.co.kr 같은 곳에서 연봉을 검색할 수 있다-옮긴이).

'첫인상을 좋게 만들 두 번째 기회는 없다.' 이런 말을 수 없이 들어봤을 것이다. 솔직히 말하면, 현실은 이보다 훨씬 냉혹하다.

1990년대 초반 하버드 대학 심리학과 낼리니 암베디(Nalini Ambady) 교수는 교습의 비언어적 측면을 실험했다. 이 실험의 목적은 여러 조교가 강의하는 장면을 담은 비디오 영상을 음향 없이 1분 동안 학생들에게 보여주면서 교습의 효율성을 측정하는 것이었다. 한편 이 실험에서 조교 혼자 동영상에 등장하는 시간이 10초에 지나지 않는다는 문제점이 발생했다. 이 때문에 배경으로 나온 학생들의 반응을 기반으로 생길 선입견을 무시해야 했다. 아무튼 암베디는 실험을 진행했다.

이 실험은 '첫인상'이라는 관점에서 놀라운 결과를 보여줬다. 10초라는 짧은 시간이지만 관찰자들은 아무 문제없이 15개 항목에 대해 조교의 등급을 매겼다. 동영상을 5초씩, 2초씩 끊어서 보여준 실험에서도 동일하게 실행되었다. 이어 암베디는 한 학기가 끝난 뒤에, 비디오에 등장했던 조교를 학생들이 직접 강의실에서 접했던 내용을 기반으로 세부적으로 평가하게 했다. 비디오 관찰 또는 직접 관찰을 한 학생에게서 나온 결과는 높은 상관관계를 보였다. 사실상 조교에 대한 평가는 동일했다. 2초 동안 본 느낌과 몇 달 동안 관찰한 결과가 별 차이 없었다.

첫인상을 결정하는 요소를 살펴보면, 55퍼센트는 신체 언어이고 33퍼센트는 말하는 어조와 속도와 억양이며 실제 말하는 내용은 7퍼센트에 불과했다.

다행히도 첫인상을 결정짓는 데 4분이 걸린다는 연구 결과도 있다. 아무튼 우리는 다른 복잡한 생각을 하지 말고, 아래 두 가지에만 초점을 맞추라고 권유하고 싶다.

첫째, 상대방의 이름을 기억하라. 누구나 기억력을 향상시킬 수 있다. 캐나다 헬리팩스에 사는 소방관 데이브 토마스(Dave Thomas)는 어느 날 갑자기 평균 수준인 기억력을 향상시켜보자고 마음먹었다. 2년 후 그는 세계에서 기억력이 최고인 사람으로 관심을 받았다. 마구 섞은 카드를 90초 안에 순서대로 외우고 원주율을 소수점 아래 2만 2,500자리까지 암기하는 등의 재주가 생긴 것이다. 물론 보통 사람이 이런 것까지 다 외울 필요는 없다.

둘째, 진지하게 눈을 마주친다. 시선을 마주치는 자세는 자신감이 넘치며 주변 사람에게 민감한 관심을 두고 있음을 보여준다. 이 때문에 동물전문가들은 혹시라도 야외에서 사자와 마주치면, 사자가 움직일 수 있게 뒤로 천천히 물러서되 계속 시선을 마주치라고 조언한다. 그렇지만 사람이나 사자와 달리 불곰은 시선이 마주치는 것을 아주 싫어함을 명심하자. 불곰과 맞닥뜨렸다면 이들을 주시하되 직접적으로 시선을 마주치면 안 된다.

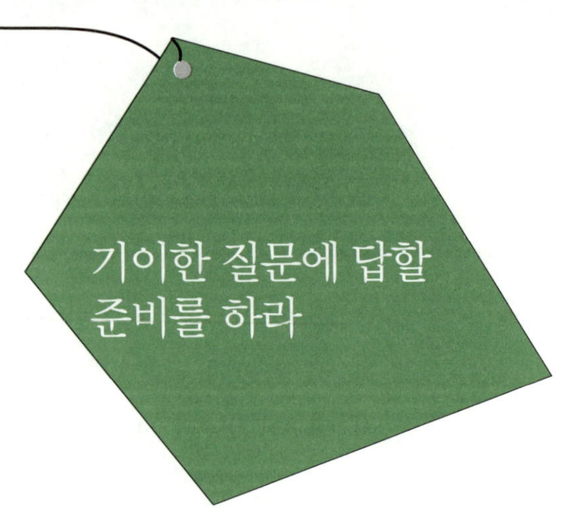

면접에서 비현실적이고 기이한 질문을 하던 시대는 이제 지났다고 생각하는가? 뽕을 넣어서 어깨를 엄청나게 넓게 한 정장 재킷이나 자동차 계기반과 연결해서 썼던 벽돌 같은 휴대전화처럼 사라진 일시적인 유행이라고 여기는가? 그렇다면 다시 생각해보기 바란다.

일부 대학은 면접에서 모호한 질문을 하는 것으로 유명하다. 옥스퍼드 대학과 케임브리지 대학은 예비 신입생을 면접할 때 아직도 별난 질문을 하는 경향이 있다. 바로 "내가 자네 집의 벽면에 그림을 그린다면 그 그림의 소유자는 누구인가?" 같은 질문이다.

이런 질문을 던지는 이유는 면접자가 한 번도 생각해본 적이 없는 주제를 놓고 의견을 정리하고 논쟁을 펼쳐가는 과정을 관찰하려는 것이다. 이 때문에 케임브리지 대학은 이런 질문에 대비한 예행

연습이 도움이 되지 않는다고 조언한다. 대학 측은 무의식적 답변을 가장 높이 산다.

이는 취업 면접에서도 마찬가지다. 대학과 똑같은 이유로, 많은 기업들도 기이한 질문을 던지는 방법을 즐겨 사용한다.

따라서 인터뷰 중간에 뜬금없이 다음과 같은 질문을 받게 될 수도 있다.

- 맨홀 뚜껑은 왜 둥근가?
- M&Ms 초콜릿은 어떻게 만드는가?
- 자파 케이크는 케이크인가, 비스킷인가?
- 미국에서 고양이 먹이는 하루에 몇 캔이나 판매되는가?
- 사람이 아니라 동물로 태어난다면 무엇이 되고 싶으며 이유는 무엇인가?
- 지금 당장 밖에 우주선이 착륙한다면 올라타겠는가? 그리고 어디로 데려다 달라고 말할 것인가?

이런 질문을 받으면 차분하게 대처해야 한다. 물론 원한다면 면접관이 면접 기준을 설명하며 "묻고 싶은 게 있나요?"라고 말할 때, 특이한 질문을 던져서 앙갚음을 하는 방법도 있다.

대부분 그렇듯 살아가려면 어차피 일을 해야 하고, 이왕이면 안전한 직업을 선택하는 것이 좋다. 밤이 되면 뼈가 제자리에 붙어 있는 무사한 몸으로 집으로 돌아갈 수 있고, 가끔 사장이 순회한다는 걱정 외에는 하루 종일 불안한 예감에 떨 필요 없는 직장 말이다.

그렇지만 위험하고 모험적이며 일촉즉발의 상황에서 일하기를 즐기는 사람도 있다. 이처럼 보답 없는 위험을 즐기는 사람이라면 직업상담사가 제안한 목록에 나온 안정적인 보험과 은행 상품 등에 신경 쓰지 않아도 좋다. 그 대신 아래 몇 가지 사항을 생각해보자.

세상에는 위험한 직업이 아주 많다. 벌목 기사들은 나무에 몸이 깔리는 사고를 당하기도 한다. 비행기, 특히 경비행기 조종사는 재수 없으면 지상에 충돌(CFIT, 쉽게 설명하면 산에 부딪히는 경우)하는 사고가 잦다. 건축용 철재를 다루는 노동자, 폭탄 제거 전문가, 바다 잠수부 등은 모두 꽤 위험한 일을 하고 있다.

그러나 보답 없이 위험하기만 한 직업 가운데에서도 바다 고기잡이야말로 가장 심장이 벅차오르는 일이다. 광활하게 펼쳐진 대양, 변덕스러운 하늘, 야외에서 일하는 자유, 소금 맛 나는 공기, 선원끼리의 동지애를 떠올려보자. 얼마나 멋진가? 그러나 육지에서 수백 킬로미터나 떨어져 사나운 바다에 맞서 몇 달씩이나 일주일 내내 일하며, 얼어붙을 듯 추운 날씨 때문에 두꺼운 얼음덩어리가 떠다녀 자칫하면 배가 전복당할 위험이 있다는 점도 무시할 수 없다.

미국과 영국의 통계 자료에서도 입증되듯이, 어업이 세계에서 가장 위험한 직업이라는 게 사회통념이다.

그러니 사무실 집기에 발을 부딪치고 나서 화가 불끈 치솟는다면, 이렇게 위험하게 일하는 사람도 있음을 꼭 떠올려보기 바란다.

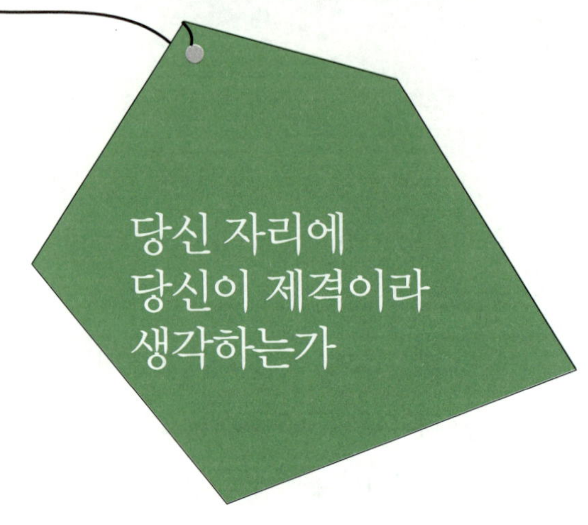

밥 와츠(Bob Watts)는 보철 기사이다. 사실 평범한 정도가 아니라 아주 뛰어난 전문가이다. 그는 상이군인에서부터 운동선수, 유아에서부터 헤더 밀스 매카트니(비틀스 멤버였던 폴 매카트니의 전 부인) 같은 유명인사에 이르기까지 수많은 사람들에게 의족과 의수를 만들어주었다. 그는 원래부터 이렇게 보람찬 일을 하며 살자고 결심했을까? 그렇지 않다. 이는 우연한 오해에서 비롯되었다.

젊은 시절 밥 와츠가 새 일자리를 구하던 때이다. 몇몇 직장을 전전했던 그는 흥미로운 도전거리를 찾아서 신문의 구인란을 뒤지고 있었다. 그러던 중 '의수(artificial arms, 장난감 무기로도 해석 가능―옮긴이)'를 만드는 사람을 구하는 광고를 발견했다.

"재미있겠네. 난 아이들을 좋아하잖아. 어린이용 장난감 총을 만드는 일이라면 아주 재미있을 거야."

그는 'artificial arms'가 의수가 아니라 장난감이라고 생각했다.

아무튼 밥과 인연이 없었던 장난감 산업이 수백억 파운드 규모의 시장으로 발전하는 동안에, 그 역시 의수와 의족 제조 분야에서 세계적으로 유명한 권위자로 성장하게 됐다.

한편 자리에 아예 맞지 않는 사람이 선정된 경우도 있다. 2006년 BBC 뉴스에 당시 애플의 상황과 법정 공방전에 전문적인 의견을 제시할 IT 전문가가 출연하기로 돼 있었다. 담당 프로듀서는 이 전문가를 맞으러 방송국 로비로 내려갔다.

이 프로듀서는 방송국 접견실에 있던 콩고 대학 졸업생 가이 고마(Guy Goma)를 뉴스 24의 세트로 안내했다. 고마는 순식간에 마이크를 단 채 전 세계 텔레비전 시청자들 앞에 앉아서 생방송으로 인터뷰에 응했다. 하지만 안타깝게도 고마는 IT 전문가가 아니었다. 그저 방송국에 면접시험을 보러 온 순진한 구직자였을 뿐이다. 게다가 그는 인터뷰가 전 세계에 생방송되는 줄은 꿈에도 몰랐다.

앵커 카렌 바워먼(Karen Bowerman)은 IT 분야와 관련해서 전문적인 질문 세 개를 던졌고, 고마는 이 분야에 전혀 문외한이었지만 면접시험이라고 생각하고 나름대로 열심히 답했다. 뉴스 시청자들에게는 대단한 재미를 주었지만, 고마에게는 고역이었을 것이다. 그는 나중에 방송 출연 시간이 "아주 짧았지만 엄청난 스트레스를 받았다"고 말했다. 게다가 고마는 이 방송국 입사시험에서도 떨어졌다.

이 난장판은 프로듀서가 뉴스와이어리스넷의 편집자인 가이

퀴니(Guy Kewney, 가이 고마와 이름이 같음)를 마중 나갔다가 엉뚱하게도 가이 고마를 데려오면서 시작됐다. 나중에 알고 보니 가이 퀴니는 뉴스가 끝날 때까지도 계속 그 자리에 앉아서 누군가 마중 나오기만을 기다렸다. 그 프로듀서는 다른 접견실로 간데다 다른 가이를 뉴스 세트로 데리고 올라갔던 것이다.

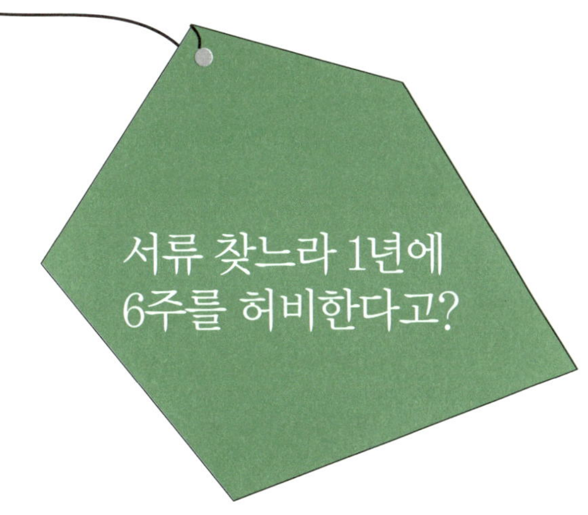

철사를 구부려 만든 클립은 1867년에 처음으로 특허를 받았다. 이후로 전 세계에서 수십 가지 디자인으로 출시돼 종이를 끼워두는 용도로 사용되고 있다. 미국에서 해마다 판매되는 클립만 해도 2,000만 개에 이르는 것으로 추정된다. 그러나 이렇게 많은 클립이 쓰이는데도 사무실은 늘 지저분하다.

경영월간지 〈패스트 컴퍼니〉에 따르면, 미국 기업의 중역 가운데 48퍼센트는 자신의 책상이 어지럽혀져 있지만 필요한 물건이 어디에 있는지 알고 있다고 생각했다. 반면에 응답자의 12퍼센트는 책상이 잘 정리돼 있지만 도무지 물건을 찾을 수 없다고 답했다. 일반적으로 기업 중역은 잃어버린 서류를 찾는 데만 1년에 6주에 달하는 시간을 허비한다. 다행히도 사무실을 정리하는 간단한 방법이 몇 가지 있다.

책상을 잘 정리하자

- 날마다 사용하지 않는 물건은 책상 위에 둘 필요가 없다.
- 들어오는 서류를 정리할 체계를 세운다.
- 미루지 않는다. 서류를 읽은 뒤 해당 사항을 처리할 방법을 정했다면, 서류함에 다시 넣지 말자. 다시 넣어놓으면 어차피 또 꺼내야 한다.

파일을 쌓아놓지 말자

- 컴퓨터 파일과 종이 서류를 비슷한 체계로 정리한다.
- 서류정리용 색인을 만들고, 새 파일을 만들기 전에 항목을 확인해 중복되지 않게 한다.
- 최근 문서가 가장 필요하기 마련이다. 따라서 각 파일에서 최근 문서를 맨 위에 철한다.

시간을 현명하게 활용하자

- 관리와 업무 배분이 수월하게, 규모가 큰 업무를 여러 작은 부분으로 나눈다.
- 늘 일정표를 확인하면서, 이에 따라 업무를 계획한다.
- 일을 하다 보면 중단되는 때가 있기 마련이다. 기분 전환이나 정보 수집에 필요한 여유시간을 염두에 두고 업무 시간을 배분한다.

한편 늘 사라지는 클립 때문에 고심인가? 다음을 읽으면 지금까지 잃어버린 클립 가운데 적어도 일부가 어디에 있는지 알게 될 것이다.

1998년, 테네시 주 윗웰중학교 데이비드 스미스(David Smith) 교감은 홀로코스트(나치가 자행한 유대인 대학살–옮긴이) 기념행사를 활용해 학생들에게 관용정신을 키워주자고 제안했다. 그렇지만 학생들은 이미 과거에 묻힌 홀로코스트의 극악무도한 실상을 피부로 느끼기 어려웠다. 이에 따라 학생들은 1939~45년 사이에 살해당한 유대인 600만여 명을 상징하는 클립 600만 개를 모으기로 했다.

처음에는 더디게 모아졌지만, 언론에서 행사를 알리자 많은 사람들이 클립 수백만 개를 학교로 보냈다. 현재 이 학교에는 과거 유대인을 포로수용소로 옮기는 데 사용됐던 바로 그 기차에 클립 1,100만 개가 전시돼 있다. 수많은 클립 옆에는 기념비도 세워졌다.

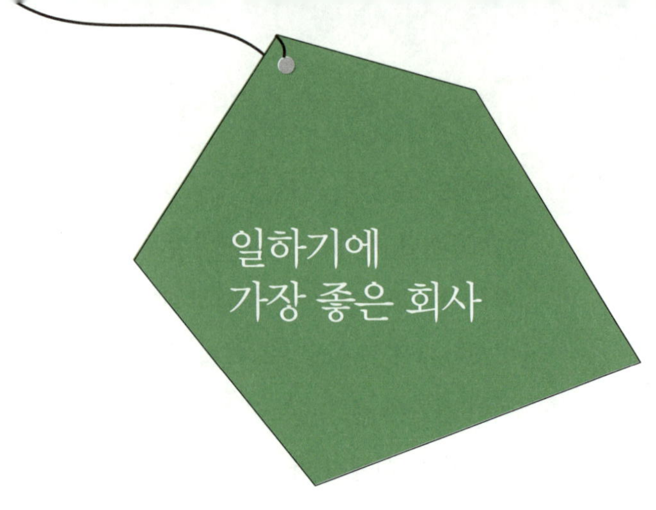

여러분이 다니는 회사는 근무하기에 최적의 직장인가? 아침에 잠자리에서 일어날 때마다 하루를 시작하는 게 기대되는가? 아니면 걱정만 차오르는가? 후자에 속하는 사람은 아래 내용을 복사해서 상사에게 줘보자.

기업에서 가장 중요한 자산은 고용인이므로(기업이 항상 하는 말), 당연히 기업 측은 직원이 즐겁게 출근하고 싶은 분위기를 조성해야 한다. 그러나 국제 컨설팅 업체 블레싱화이트의 '2006 직원 업무 몰입도' 보고서에 따르면, 응답자의 69퍼센트가 회사를 자랑스럽게 생각한 반면 업무에 완전히 몰두하는 직원은 18퍼센트에 불과했다. 이는 좀 걱정스러운 결과이다.

회사 일에 몰두하지 못하는 직원에게는 다행스럽게도, 일부 연구가들이 고용인을 회사에 '몰입' 시키는 방법을 정확히 파악했다.

직원 몰입도(employee engagement. 비교적 새로운 인사관리 용어)는 사람들이 회사에 몰두하는 정도를 말한다. 직장에 전념하는 사람은 자진해서 여력을 발휘하고, 많은 시간을 투입해서 열심히 일하며, 회사가 성공하도록 활동한다.

반대로 업무에 몰두하지 못하는 직원은 회사의 성공에 별로 관심이 없다. 이들은 그저 하루를 무사히 마치고 돈을 챙겨 집에 가면 그만이라고 여긴다. 회사의 주인이 되려는 마음이 없고, 늘 조건이 더 나은 직장을 찾아 헤맬 가능성이 있다.

직원 몰입 정도에 기반을 둔 다양한 기업 순위가 나와 있다. 직장 몰입도 분야의 전문업체 베스트 컴퍼니스는 〈선데이 타임스〉와 함께 '일하기에 가장 좋은 회사'를 조사했다. 이 업체는 영국 기업 1,000곳 이상을 대상으로 직원 25만 명을 설문조사하고 직원 몰입도와 관련이 깊은 8대 요소를 밝혀냈다.

이 가운데 상위 세 가지는 다음과 같다.

- **경영진** 직원들이 회사 대표와 고위 임원진과 기업 가치를 어떻게 생각하는가.
- **복지** 스트레스, 압박감 직장생활과 가정생활의 균형, 이런 요소가 개인 건강과 업무 실적에 미치는 영향 등.
- **경영** 직원들이 직속상관에게 지원과 신뢰와 보살핌을 받는다고 여기는가.

이외의 요소는 부서 내 인간관계, 개인과 기업의 연관관계, 개인적으로 성장할 기회 존재 여부, 규모가 비슷한 기업에 비해서 공정한 봉급과 혜택을 받는지 여부, 직원이 보기에 회사가 사회에 얼마나 환원하고 있는지(그리고 사회에 환원하는 동기)이다.

최고 직장은 가끔 가는 야유회나 소풍, 샴페인을 곁들인 조찬이나 회식과는 관계없다. 그 대신 앞서 말한 주요 요소를 얼마나 잘 관리하느냐가 중요하다. 그렇다고 야유회나 회식을 하지 말아야 한다는 뜻은 아니다.

자신이 위대한 인물이 될 운명을 타고났지만 왠지 방향을 상실했다고 생각하는가? 걱정할 것 없다. 첫 직장이 꿈에 그리던 일이 아닐 가능성도 있다. 여러 번 잘못 출발했다가 결국 큰 성공을 이룬 사람이 수없이 많기 때문이다.

델 컴퓨터의 설립자이자 회장인 마이클 델(Michael Dell)은 시간당 2.30달러를 받으면서 중국 음식점에서 설거지를 했다. 빌 게이츠는 워싱턴 국회의사당에서 국회의원 수행원으로 일한 적이 있다. 월트 디즈니의 전 CEO 마이클 아이스너(Michael Eisner)는 주급 100달러를 받는 캠프 상담교사였다(나중에 그의 연봉은 약 100만 달러까지 올라갔다). 마지막으로 미국 최초의 여성 국무장관인 마들렌 올브라이트는 1997~2001년까지 덴버의 조슬린 백화점에서 브래지어를 팔았다.

특이한 행로를 거쳐 사업계 스타로 떠오른 인물로는 IBM 설립자인 토마스 J. 왓슨(Thomas J. Watson)을 빼놓을 수 없다. 왓슨의 첫 직업은 경리직원이었다. 이후에는 마차를 몰고 다니며 농부들에게 피아노와 재봉틀을 팔았다.

수많은 화제를 몰고 다니는 휴 헤프너(Hugh Hefner)는 대학을 휴학하고 1949년에 시카고 만화회사에 인사계장으로 들어갔다. 다음 해에 그는 한 백화점의 광고 카피라이터로 직업을 바꿨다. 몇 년 뒤에 얻은 세 번째 직업은 〈에스콰이어〉의 광고 카피라이터였다. 〈에스콰이어〉가 뉴욕으로 이전하겠다는 계획을 발표하자, 휴 헤프너는 시카고에 남아서 그 유명한 〈플레이보이〉를 창간하기로 마음먹었다.

그렇지만 단번에 대박을 터뜨리는 사람도 있다. 이런 성공을 거둔 예로 스탠퍼드 대학원생 두 명을 들 수 있다. 이들은 임시 연구실(대학 기숙사)에서 새로운 인터넷 검색 엔진을 개발해서 백럽(BackRub)이라고 이름 붙였다. 이어 학업을 포기하고 새로운 아이디어로 사업을 추진했다. 이 아이디어에 붙인 이름이 바로 구글이다. 이 2인조는 바로 레리 페이지(Larry Page)와 서지 브린(Sergey Brin)이다.

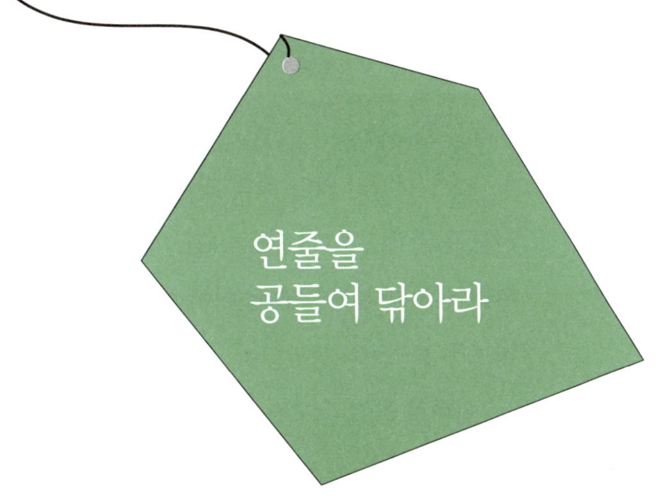

물론 재무, 마케팅, 운영, 배송, IT 등 사업 분야의 다양한 지식은 성공적인 경력을 쌓아가는 과정에서 중요한 역할을 한다. 그렇지만 인맥의 힘도 간과해서는 안 된다. 역사적으로 성공을 거둔 경영자들은 공들여 닦은 연줄을 통해서 거대 기업을 세우고 경력을 발전시켰다.

20세기에 언론계에서 가장 성공을 거둔 거장 비버브룩 경(Lord Beaverbrook)을 예로 들어보자. 비버브룩 경은 평범한 윌리엄 맥스웰 에이킨(William Maxwell Aitken)이라는 이름으로 1910년에 캐나다에서 영국으로 건너왔다. 이때 그는 이미 성공한 사업가였으며 새로운 나라에서 출세 기회를 모색하고 있었다. 에이킨은 강력한 인맥 형성 기술을 발휘해서 영국에 도착한 해에 바로 하원의원에 선출된다.

얼마 지나지 않아 그의 인맥 목록에는 장차 영국 총리가 된 세 사람인 로이드 조지(Lloyd George), 앤드루 보너 로(Andrew Bonar Law), 윈스턴 처칠이 포함됐다. 이어 에이킨은 1917년에 작위를 받아 비버브룩 경으로 거듭났다.

현대로 돌아와 보면, 선 마이크로시스템스를 설립한 스콧 맥닐리(Scott McNealy)를 예로 들 수 있다. 그는 GE의 전설적 CEO 잭 웰치와 골프를 치면서 저명인사들과 확고한 인맥을 다졌다. 맥닐리는 골프에서 지는 대신 웰치에게 깊은 인상을 남겨 GE의 이사로 선임됐다.

한편 인맥의 중요성에도 많은 사람들이 본격적으로 인맥을 쌓아가는 데 어려움을 느낀다. 그러나 매리 스필레인(Mary Spillane)이 《강한 인상 남기기 : 성공하는 외양과 말과 행동(Branding Yourself: How to Look, Sound and Behave Your Way to Success)》에서 말했듯이, "인맥을 형성하자면 정략과 과시와 잡담과 강요를 활용해야 한다"고 생각하는 사람이 있다. 그러나 사실 이런 요소는 별로 상관없다. 인맥은 그저 '사업의 기본인 인간관계를 쌓아가는 것' 이다.

스필레인은 인맥 형성 기술을 습득하거나 향상시킬 수 있다고 주장한다. 물론 직접 실천이 가장 좋은 방법이겠지만, 스필레인이 제시한 몇 가지 유용한 조언을 참고해보자.

먼저 스필레인은 태도를 조심해야 한다고 말한다. 강요하는 자세를 보이거나 원하는 점에만 흥미를 보이면 안 된다. 다른 사람의 관심과 필요 사항에 관심을 보인다. 도움을 요청하기 전에 먼저 도와준다.

상대방이 명함을 달라고 하기 전에 명함을 건네지 않는 게 좋
다. 또 인맥을 쌓을 만한 사람이 많은 장소에서 자신의 친구하고만
어울리지 않는다. 그리고 친근한 분위기로 잡담을 나누는 법을 익
힌다.

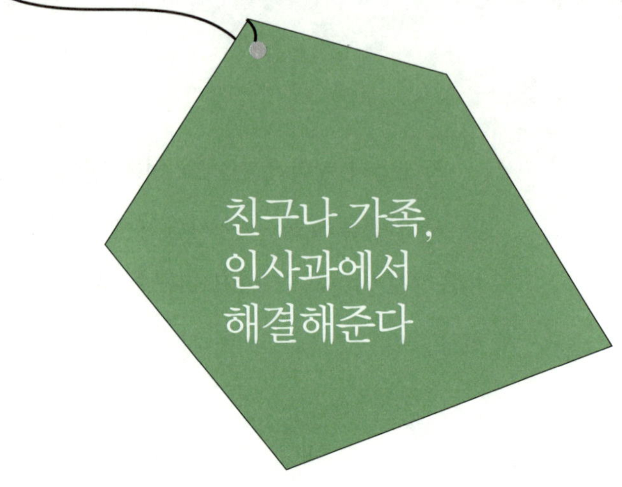

찰스 슈왑의 공동 CEO 데이비드 포트럭(David Pottruck)에게는 조언자가 한 명 있다. BP의 전 CEO 존 브라운 경(Sir John Browne)은 조언자가 여러 명 있다. 이런 조언자는 CEO 코치나 멘토 등으로 불린다. 여러분이 속한 업계에 능통하며 여러분이 꼭 성공하기를 바라는 사람을 자기편으로 두면, 그렇지 않을 때에 비해 엄청난 차이가 있다.

조언자는 자신과 이해관계가 같아야 한다. 한편 여러분이 원하는 관계와 조언자가 어느 정도까지 개입하기를 원하느냐에 따라 조언자의 역할은 다양하다.

첫째, '상담자' 역할을 하는 조언자는 개인 문제를 해결하는 과정을 돕는다. 일과 인생의 균형을 유지하려고 노력하면서 겪는 어려움이나, 가치관과 청렴함을 유지하는 등의 윤리적 문제에 조언을 해준다.

둘째, '코치' 역할을 하는 조언자는 의욕이 떨어졌을 때 분발하게 도와준다. 또 목적 달성에 필요한 자질과 기술을 개발하도록 유도한다. 중요한 피드백을 주는 것은 물론 임무를 완료하는 데 필요한 전략도 제시한다.

셋째, '후원자' 역할을 하는 조언자는 특히 위험을 싫어하는 사람이 도전에 나서도록 북돋는 데 큰 도움이 된다. 이들은 조건 없는 뒷받침과 헌신적이고 힘이 되는 조언으로 위험을 감수하며 평소의 한계를 극복하게 만들어준다.

그렇다면 이런 조언자를 어떻게 찾을까? 굳이 직접 찾아 나설 필요는 없다. 자연스럽게 이들이 여러분을 찾아올 것이다. 아직 이런 기회가 없었다면 장래의 조언자를 파악해서 접근하는 것은 여러분의 몫이다.

친구나 가족과 대화해보자. 여러분이 당면한 문제에 더 나은 대안을 제시하거나 해결해줄 사람을 알게 될 것이다. 여러분 회사에서 교육지원 프로그램을 운영하고 있다면 인사과에 문의해서 적당한 사람을 물색해보는 것도 좋다.

조언자는 사적인 견해를 개입시키지 않고 이야기에 귀 기울일 수 있는 사람이어야 한다. 또 여러분은 이들에게 완전히 솔직하고 정직한 자세로 대해야 하며, 항상 배울 준비가 돼 있어야 한다. 이런 자세가 없는 사람에게는 조언할 마음이 완전히 사라진다. 여러분과 조언자가 이 관계를 잘 쌓아가려고 노력하면 결국 서로에게 도움이 될 것이다.

벤저민 디즈레일리(Benjamin Disraeli)가 말했듯이 "다른 사람에게 행할 수 있는 최고의 덕은 자신의 부를 나눠주는 게 아니라, 상대방이 가진 것을 깨닫게 해주는 것"이다.

사무실에만 있으면 공황발작에 빠져드는가? 9시부터 5시까지는 현기증과 메스꺼움 때문에 무기력해지는가? 골치 아픈 일을 처리하느라 녹초가 되는가? 그렇더라도 해결방법이 있으니 너무 걱정할 것 없다. 이런 사람은 의학 용어를 빌리자면 일 공포증(ergophobia)에 걸렸을 가능성이 있다.

그리스어를 아는 사람은 이해하겠지만, 일 공포증은 업무(erg)를 두려워하는 게 아니라 그저 일 자체를 두려워하는 증상이다. 우리가 근거 없는 말을 한다거나, 상황을 경시한다고 생각하지 않기 바란다. 다시 말하지만 이 증상은 동료의 중상모략이나 자판기 커피나 잉크가 새는 볼펜을 두려워하는 게 아니라, 순전히 일 자체에 공포심을 느끼는 질병이다. 짐작하겠지만, 이런 종류의 공포증은 인생을 완전히 망쳐놓는다.

일부 전문가는 공포증은 특정 상황에 반응하는 정신 조정에 따라 나타나며, 공포심을 유발하는 요인에 점진적으로 노출시키면 이를 감소시키거나 치유할 수 있다고 한다.

이런 생각을 바탕으로 직업 몇 가지를 소개한다. 세상에 이런 직업도 있음을 알게 되면 자신의 공포증에 좀더 무뎌질 것이다.

- **추위 공포증 환자** 미국 버몬트 주 워터베리에 있는 벤 앤드 제리스(Ben & Jerry's) 아이스크림 공장의 나선형 경화 컨베이어 장치 담당자. 이 장치는 시간당 아이스크림 10만 3,000파인트(약 7,500리터)를 냉동시킨다. 냉방장치를 작동하지 않으면 섭씨 −35도이고 가동하면 섭씨 −55도까지 내려간다.
- **끈 공포증 환자** 미국 미네소타 주 다윈에 있는 세계에서 가장 큰 실 뭉치(한 사람이 감은 뭉치) 전시장의 큐레이터
- **미인 공포증 환자** 모델 에이전시 직원, 패션 사진가, 세계 미인대회 심사위원
- **높은 빌딩 공포증 환자** 홍콩 몽콕 거리 청소원
- **결혼 공포증 환자** 미국 네바다 주 라스베이거스에 있는 리틀화이트 예배당의 주례자(2007년 7월 7일에만 결혼식 700건을 주재했다. 하루 평균 주례를 100회 본다)

과소평가를 당하며 박봉을 받는 심정을 잘 알 것이다. 그러나 어디엔가 여러분보다 더 열악한 임금을 받는 사람이 있지 않을까? 답은 '물론'이다. 적어도 여러분이 탄자나이트(tanzanite, 탄자니아 북부에서 채굴되는 준보석—옮긴이) 광부가 아닌 한 말이다.

이 광부들은 하루 종일 사다리에 서서 아래에 있는 동료가 건네준 광물 주머니를 위에 있는 다른 광부에게 전달한다. 이들은 먹지도 쉬지도 못하고 일한다.

게다가 라이벌 광산 업체가 다이너마이트를 설치해 경쟁사의 갱도를 완전히 날려버리기도 한다. 자연 재해가 이 지역을 강타하면(홍수로 100명 이상이 사망한 적도 있음), 주민들은 미신에 따라 이 재해가 산 제물을 바치는 의식이며 좋은 날이 올 징조라고 철석같이 믿는다.

그들이 이 광산에서 일하는 이유는 이것만이 빈곤에서 벗어나는 유일한 비상구이기 때문이다. 그렇다면 봉급이 얼마일까? 일부는 봉급을 전혀 받지 못한다. 광산 소유자들은 광부들이 작업하면서 탄자나이트를 훔칠 것이라고 생각한다. 그래서 아예 월급을 주지 않는다. 그러나 각종 돌이 섞인 주머니를 위로 전달하는 반복노동을 하는 사이에 보석을 빼돌릴 기회가 과연 있을까? 현실적으로 이런 가망성은 거의 없다.

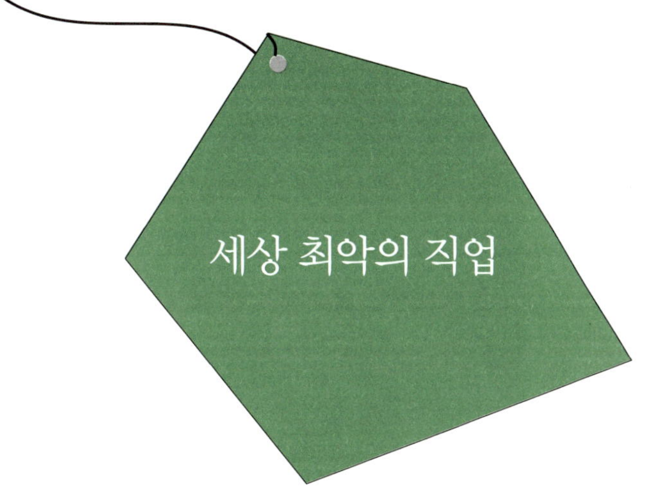

누구나 자기 직업에 진절머리가 나는 시기를 경험한다. 온 세상이 여러분에게 등을 돌린 것 같고, 상사가 사사건건 간섭하며, 마감이 일주일이나 지난 보고서를 아직 끝내지 못해 사는 낙이 없는가? 그렇다면 잠시만 시간을 내 명백하게 세상에서 최악의 직업을 가진 사람들을 생각해보자.

- **전문 개밥 감별사** 개밥의 농도, 질감을 검사하는 것은 물론 맛도 봐야 함
- **체르노빌 핵발전소 4번 원자로 담당 청소부** 과거 경험 필요 없음. 직업 전망—제한적?

누군가에게 참기 힘든 일이 다른 이에게는 오랫동안 큰 행복을

가져다주기도 한다. 애완견 먹이 감별을 하거나 핵 쓰레기 폐기를 담당하는 일이 아주 좋은 직업이라고 생각하는 사람도 있을 것이다. 어쨌거나 다음처럼 최악 가운데 최악의 일을 하는 사람은 월급을 아주 많이 받아야 한다.

● 하수구 잠수부, 멕시코시티

작업 설명—정화 처리되지 않은 하수구에 잠수해서 파이프 차단물질 제거. 파이프를 막고 있는 시체가 발견되기도 함.

위험—다양한 질병에 감염, 사용한 주사기에 찔림, 정화되지 않은 하수구에 익사할 가능성.

월급—400파운드. 너무 많은 지원자가 한꺼번에 몰리면 곤란함.

2

회사생활 요령껏 잘하기 위해
알아두면 좋은 것들

일반적인 상황이라면 발가벗은 엉덩이를 복사기에 들이대는 사람은 없을 것이다. 그러나 크리스마스 파티 등에서라면 상식과 관계없이 별의별 행동을 벌이기 마련이다.

복사기에 앉아서 엉덩이 모양을 수십 장 찍어내는 사람은 각종 회사 규정(글로 쓰였든 아니든)을 어기는 셈이니 징계를 받을 가능성이 다분하다. 그렇다면 연말에 엉덩이를 복사하는 전통이 일반적인 회사에서는 어떤가?

복사기 전문 생산업체 캐논에 따르면 크리스마스 기간에 응급 수리 요청 전화가 25퍼센트나 늘어나고 이 가운데 대부분은 상판 유리 수리를 의뢰하는 내용이다. 캐논은 사람들이 아무 생각 없이 저지른 장난으로 병원에까지 실려 가는 사고를 줄이려고 아예 복사기 상판 유리 두께를 4밀리미터에서 5밀리미터로 두껍게 하기까지

했다.

　사람들이 복사기에 들이대는 것이 엉덩이만은 아니다. 2005년에 캐논은 자사 수리 기술자와 고객을 대상으로 설문조사를 했다. 이 결과 복사기에서 쥐, 잠든 고양이, 거미, 게, 벌 떼, 바퀴벌레, 뱀, 부엌칼, 소시지롤, 스타킹, 도미노, 6,000달러짜리 수표, 진동 장치, 콘돔 등이 나온 것으로 밝혀졌다. 기계 내부에 걸렸던 종이에 이 결과물이 명백하게 복사되었음은 물론이다. 한 수리 기술자는 남성의 사타구니가 복사된 종이가 걸려 있는 복사기를 수리한 적도 있다고 했다.

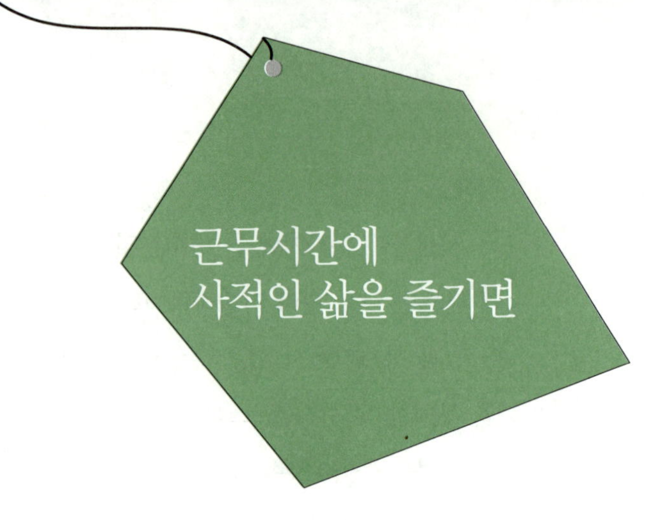

2007년 3월 캐나다 언론은 운전 중에 휴대전화를 사용한 한 사람을 대대적으로 보도했다. 물론 운전하면서 전화하는 일은 아주 흔하다. 그러나 이 경우는 일반적인 예가 아니었다. 해당 인물은 바로 버스 운전사였다. 이 운전사의 사진을 찍어서 제보한 버스 승객에 따르면, 운전사는 개인적인 내용이 분명한 통화를 30분이나 계속했다.

누구나 이런 경험이 있다. 근무 중에 간단한 통화를 하거나, 휴가 계획을 짜느라 여기저기 알아보거나, 개인적인 문자를 주고받은 적이 있을 것이다. 그렇다면 시간도 별로 걸리지 않는 이런 사적 통화를 무엇 때문에 문제 삼는가?

전화요금 전문가 오로라 켄드릭 제임스(Aurora Kendrick James)에 따르면, 영국의 소기업은 직원들이 회사 전화나 휴대전화로 건 사적 통화에만 1년에 대략 4억 파운드를 소비한다고 한다.

근무시간을 낭비하는 대표적 활동 일곱 가지는 다음과 같다.

1. 인터넷 검색 : 52퍼센트

2. 동료와 잡담 : 26.3퍼센트

3. 사적 용무 외출 : 7.6퍼센트

4. 멍한 상태로 있기 : 6.6퍼센트

5. 사적 통화 : 3.9퍼센트

6. 지각이나 조퇴 : 2.9퍼센트

7. 다른 일자리에 구직 신청 : 0.7퍼센트

아메리카 온라인과 샐러리 닷컴이 실시한 설문조사 결과, 미국 직장인이 사적인 삶을 최대한 즐기느라 낭비하는 회사 공금이 매년 수십억 달러에 이르는 것으로 나타났다. 평균적인 미국 직장인은 업무를 보는 8시간 가운데 1.86시간 동안 일과 관련 없는 활동을 한다. 물론 이는 법정 휴식시간과 점심시간을 제외한 시간이다. 이렇게 직원들이 근무시간에 업무에 열중하지 않아서 낭비되는 비용을 환산하면 5,440억 달러에 달한다.

1957년에 미국 상원의원 스트롬 서몬드(Strom Thurmond)는 선거
권 법안 통과를 놓고 의회에서 논쟁을 벌일 예정이었다. 서몬드는
완벽하게 준비를 마친데다 의회 사우나에 들러 땀도 뺀 상태였다.
그는 스테이크 샌드위치가 든 점심 도시락과 우유 과자, 목 사탕,
발표에 쓰일 수많은 자료를 챙겨왔다.

개회는 대략 오전 9시경에 했다. 서몬드는 이때부터 24시간 18
분 동안 이른바 '의사 진행 방해' 전략을 구사하며 법안 통과를 주
장했다. 그는 먼저 미국 모든 주의 선거 현황 자료를 읽기 시작했
다. 그러고 나서 독립 선언서와 선거법, 워싱턴의 유명한 고별연설
까지 하나하나 낭독하며 논쟁을 벌였다. 건강을 염려한 참모진이
억지로 끌어내서 그는 발언대에서 내려왔다.

이 과정에서 서몬드야 그럭저럭 말짱한 정신을 유지하려고 노

력했지만, 나머지 사람들은 거의 졸았다. 애당초 서몬드는 관중의 주의를 사로잡는 것 따위에는 관심이 없었으니, 그런 면에서 보면 성공한 셈이다. 그렇지만 일반적으로 발표자는 청중을 지루하게 하면 안 된다. 특히 청중이 뷔페에서 배부르게 점심을 먹고 와서 축 처져 있다면 더욱 신경 써야 한다.

훌륭한 연설자는 시작하자마자 바로 청중의 관심을 모으며, 연설을 진행할수록 이 관심을 단단히 움켜쥐는 법을 안다. 이를 보여주는 좋은 예는 1963년 8월 28일에 마틴 루터 킹이 '나는 꿈이 있다'는 제목으로 연설한 것이다. 그는 청중을 감동의 물결로 이끌며 전 세계인이 영원히 잊지 못할 연설을 남겼다. 다행히도 이런 연설 비결을 아는 사람이 청중을 사로잡는 방법을 몇 가지 조언했다.

첫째, 사전 연습이 필수적이다. 내용을 잘 파악하되, 앵무새처럼 연설문을 읽어 내려가는 방식은 삼가야 한다. 이렇게 하면 조금만 흐름이 깨져도 큰 실수를 할 가능성이 있다. 또 중요한 부분에 밑줄을 치고 내용별로 발표시간을 배정해놓으면, 상황에 따라 융통성 있게 일부 내용을 생략할 수 있다.

둘째, 자신감이 중요하다. 자신이 해당 분야에서 최고 전문가이기 때문에 연설을 의뢰받았음을 명심한다. 따라서 전문가처럼 행동하고 경험이 부족하거나 준비 시간이 모자랐다는 식의 변명은 늘어놓지 않는다. 또 관객의 신뢰도는 연설자가 처음 소개되는 순간에 즉시 형성된다는 사실을 명심한다.

셋째, 발표 도중에 사람들이 빠져나가지 않게 하려면 관심을 집중시킬 각종 자료와 질문을 준비하고, 발표 주제와 관련된 개인적 경험이나 이야기를 하며, 유추법을 활용하고, 필요한 경우에 시각 자료도 접목시킨다.

그리고 무엇보다도 서몬드 상원의원보다 연설을 짧게 끝내려고 노력하자.

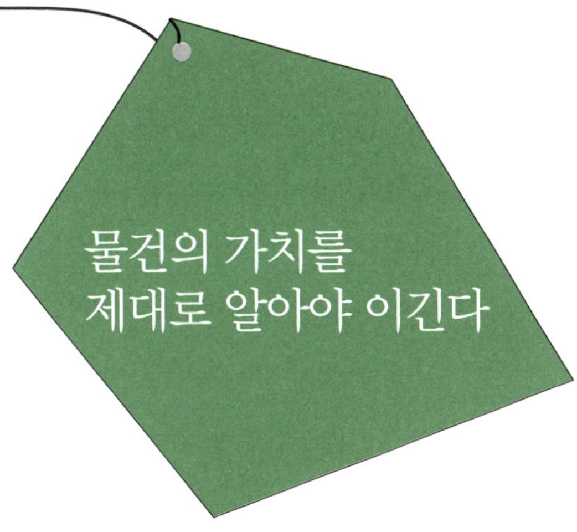

인터넷 이메일 업체 핫메일 창업자 사비어 바티아(Sabeer Bhatia)는 협상에 탁월한 자질이 있다. 그는 엄청난 돈을 받고 마이크로소프트에 핫메일을 매각했다. 당시 마이크로소프트는 막강한 인물 여섯 명으로 팀을 구성해서 협상에 나섰다.

그러나 바티아는 분열을 피하고 여러 전략을 효과적으로 구사할 심산으로 혼자서 협상에 나섰다. 처음에 마이크로소프트 협상 팀은 2개월 동안 2주에 한 번씩 바티아를 찾아왔다. 그 후 빌 게이츠는 대화를 나누자며 레드몬드에 있는 마이크로소프트 본사로 바티아를 초대했다.

처음에 바티아는 7억 달러를 요구했다. 그러나 마이크로소프트는 1억 달러 이하를 제안했다. 바티아는 이를 거절했다. 그러자 마이크로소프트는 2억 달러를 내겠다고 했다. 바티아는 이 제안도 거절했다. 마이크로소프트는 다시 3억 달러를 제시했다. 바티아는 또다시 거절했다. 그러자 마이크로소프트는 매입가를 3억 5,000만 달러로 올렸다. 핫메일의 직원들은 이 제안을 받아들여 회사의 미래를 보장받아야 한다고 바티아에게 말했다. 경영진도 이를 받아들이자고 주장했다. 그러나 바티아는 거절했다.

이 거래가 비공개가로 종결됐으며, 핫메일의 소유권 인수 조건으로 마이크로소프트 주식 276만 9,148주가 교환됐다. 이는 당시 시세로 따지면 4억 달러에 달했다. 이 거래에서 바티아가 과연 훌륭한 협상 능력을 보여주었는지, 아니면 그저 완강한 고집을 부리거나 무모하게 행동한 것인지는 여러 의견이 있을 것이다.

어쨌든 바티아가 협상에서 성공을 거둔 핵심 요인은 자신이 매각하는 회사의 가치를 제대로 알았다는 것이다. 거래할 때 기본 원칙은 '팔려고 내놓은 물건의 가치를 과소평가하지 마라'이다. 이는 사람들이 흔히 저지르는 실수이다. 특히 상대방이 협상 조건으로 높은 금액을 제시할 때 이런 실수가 나온다.

물론 모두가 바티아처럼 협상 능력을 타고나는 것은 아니다. 터무니없이 비싼 가격에 중고차를 구입하고 만족하는 사람도 있다. 그렇지만 아무리 서투른 협상가라도 일반적으로 협상 과정에 도사린 함정을 피하는 법을 배울 수 있다. 2001년 〈하버드 비즈니스 리뷰(Harvard Business Review)〉에는 '비효율적 협상가들의 여섯 가지 버릇'이 실렸다.

하버드 비즈니스 스쿨 교수이자 협상 전공 학부를 개설한 장본인인 제임스 K. 세베니우스(James K. Sebenius)는 이 글에서 협상에서 나타나는 여섯 가지 실수를 요약한다. 이런 실수로는 상대방의 문제 무시, 금액에 치중해 다른 이익 간과, 지위 때문에 이익 상실, 공동 목표를 과다하게 추구, 협상한 합의안을 따르느라 최고 대안 등한시, 자신의 견해에만 너무 몰두하는 자세가 있다.

여러분이 진행하는 거래가 4억 달러에 달하는 큰 규모가 아닐 지라도, 일단 모든 거래가 중요하다는 점을 명심하자.

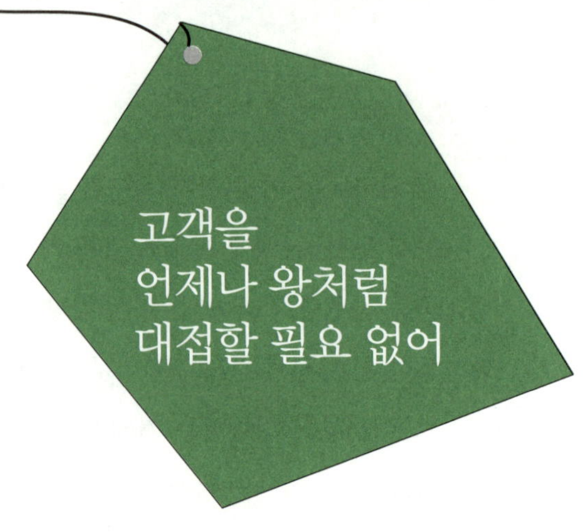

일반적인 고객 서비스 원칙을 신봉하는 사람이라면 고객이 항상 옳다고 생각할 것이다. 그러나 세계적으로 큰 성공을 거둔 대기업의 대표 중에는 이 생각에 동의하지 않는 이들이 있다.

적자에 허덕이던 콘티넨털 항공을 흑자로 전환시킨 고든 베튠(Gordon Bethune)은 필요한 경우 직원을 강력하게 옹호한다. 고든은 저서 《최악에서 최고로 : 콘티넨털이 이룬 놀라운 회생의 뒷이야기》에서 다음과 같이 말한다.

"매일 여러분과 같이 일하며 회사를 대표해 서비스하는 승무원과 기내 서비스용 땅콩이 바닥났다고 화를 내며 파리행 무료 항공권을 요구하는 바보 같은 승객 가운데 누구 편을 들 것인가? … 고객이 말도 안 되는 요구를 할 때 경영자가 직원 편을 들지 않으면, 아무리 작은 일에서라도 직원은 큰 분노를 느끼게 된다."

사우스웨스트 항공 창립자이자 전 CEO 허브 켈러허(Herb Kelleher)도 직원을 전적으로 지지해야 한다는 소신이 있었다. 케빈 프라이버그(Kevin Freiberg)와 재키(Jackie Freiberg)는 사우스웨스트 항공의 성공 과정을 자세히 진단한 책《너트!》에서 상습적으로 불평불만을 제기하는 한 승객의 일화를 소개한다. 이 여성 고객은 비행기를 탈 때마다 기내에서 제공하는 땅콩이나 승무원의 복장 등에 각종 불평을 늘어놓았다. 이 항공사는 정책상 접수되는 고객의 불평사안에 모두 답장을 해야 했다.

어느 날 우연히 이 여성고객의 불만 편지 한 통이 다른 우편물과 섞여 켈러허의 책상으로 전달됐다. 고객 관리부장 짐 러펠(Jim Ruppel)과 인사부장 셰리 펠프스(Sherry Phelps)에 따르면, 불만사항을 읽은 켈러허는 "친애하는 크래배플 여사, 안녕히 계십시오. 허브가"라고 답장을 보냈다고 한다.

오늘날 광고부터 제품 디자인에 이르기까지 새로운 시도를 할 때마다 소비자 포커스 그룹의 의견을 듣는 것이 유행이다. 게다가 고객이 제품 개발 아이디어를 낸다는 뜻의 '공동개발(co-creation)'이라는 전문용어가 많이 사용된다. 그렇지만 앞서 말한 대로 불평하는 소비자의 의견이 모두 옳지 않듯, 소비자는 자신이 원하는 바를 제대로 모르는 경우가 많다. 실제로 역사상 가장 혁신적이고 성공을 거둔 제품들은 그저 경영자나 직원의 직감에 따라 개발되고 출시된 것이었다.

소니의 워크맨(Walkman)은 꿈을 좇는 경영자 모리타 아키오(盛田昭夫)의 창작물이었다. 모리타는 젊은이들이 장소에 상관없이 음악 감상을 좋아한다는 사실을 감지하고 휴대용 카세트테이프 플레이어를 만들었다.

이후 그는 이 제품에 회의적 반응을 보이는 동료들을 설득해야 했다. 이 경우 소비자 포커스 그룹은 아예 활용하지 않았다. 그는 "우리 목표는 원하는 제품을 소비자에게 물어보는 것이 아니라 대중을 이끄는 것입니다. 대중은 생산 가능한 제품을 모르지만 우리는 알고 있습니다"라고 말했다.

또 모리타는 제품 이름도 자신이 바라던 대로 지었다. 그러나 소니 아메리카는 워크맨이라는 상표가 적합하지 않다고 보고 미국 시장에 맞게 사운드어바웃으로 바꿔서 출시했다. 스웨덴에서는 프리스타일, 영국에서는 스토우어웨이로 출시했다. 모리타는 다른 나라 시장에서 제품 판매실적이 저조하다는 보고를 받자 '워크맨이라는 상표를 안 썼기 때문'이라는 핑계를 댔다.

어찌 보면 기업은 소비자 의견보다 경영진 직감에 더 의존할 필요가 있다. 헨리 포드(Henry Ford)가 "당시 내가 소비자에게 원하는 것을 물었다면, 이들은 아마 '더 빠른 말'이라고 답했을 것입니다"라고 한 말은 시사하는 바가 크다.

2006년에 '이메일 파산(email bankruptcy)' 이라는 새로운 용어에
언론의 관심이 집중됐다. 당시 벤처 투자가 프레드 윌슨(Fred
Wilson)은 자신의 블로그에서 이메일 파산을 선언하며, 수없이 들어
오는 이메일을 읽고 답장을 보낼 의사가 더는 없으니 다른 방법으
로 연락을 취하라고 밝혔다. 이어서 이메일 파산 선언에 동참하는
사람들이 줄을 이었다.

이메일 파산이라는 용어는 스탠퍼드 로스쿨 교수이자 이 대학
의 인터넷 사회 센터 창립자 로렌스 레식(Lawrence Lessig)에서 나왔
다. 2004년에 레식은 많은 사람들에게 "내게 이메일을 보내고 아
직 답장을 받지 못한 분들에게. 미안하지만 이제부터 이메일 파산
을 선언합니다"라는 이메일을 보냈다. 여기에서 자신의 '사이버 예
절이' 부족함도 사과했다. 이 일이 있기 바로 2주 전에 레식은

2002년 1월부터 쌓이기 시작한 수많은 이메일을 열어보느라 80시간을 허비했다.

회사 이메일이 따로 있는 직장인은 거의 윌슨이나 레식 또는 다른 이메일 파산자의 심정에 공감할 것이다. 너나할 것 없이 현대인은 모두 넘쳐나는 이메일 때문에 골치를 썩고 있다.

여러 통계 자료가 있지만, 결과는 공통적으로 충격적이다(또는 아예 두려움을 느끼는 사람도 있을 것이다). 이 가운데 페리스 리서치가 실시한 조사 결과에 따르면 2006년 한 해 동안 전송된 업무 이메일만도 6조 건으로 추산된다. 샌프란시스코에 있는 페리스 리서치는 통신과 협력기술 분야의 전문 연구조사 업체이다.

고이주에타 비즈니스 라이팅 센터의 드보라 밸런타인(Deborah Valentine) 교수와 이 대학 비즈니스 인포메이션 센터(CBI)의 루스 패젤(Ruth Pagell) 전 대표이사가 기업 중역 1,200명을 대상으로 실시한 조사 결과는 퍽 흥미롭다. 응답자의 50퍼센트 이상이 직장에서 매일 적어도 2시간씩을 이메일에 답장하면서 보내며, 이 가운데 30퍼센트는 집에서 다시 한 시간 이상을 더 소비한다고 답했다. 이메일과 씨름하는 데만 1년에 4개월쯤 허비하는 셈이다.

이메일 파산을 선언하는 것 외에, 메일함에 산처럼 쌓인 수많은 이메일을 처리할 방법은 없는가? 헨리 매니지먼트 센터는 최근 영국 텔레컴 장비업체 플랜트로닉스의 의뢰로 이메일 사용에 관한 설문조사를 실시했다. 이 결과 유럽 기업 관리자는 이메일을 다루는 데 평생 동안 적어도 10년을 소비하는 것이 확인됐다. 한편 이 센터는 이메일 관리에 유용한 조언을 몇 가지 남겼다.

- 이메일이 도착할 때마다 일일이 확인하지 말고, 이메일 처리 시간을 따로 정해놓는다.

- 자동 알림 기능을 꺼둔다.

- 모든 이메일을 '전 직원 참조'로 전송하지 말고, 해당 내용을 꼭 파악해야 하는 사람에게만 보낸다.

- 농담거리, 동영상, 이메일 사기, 바이러스성 메시지, 기타 일과 관련 없거나 불필요한 이메일을 보내지 않는다. 이런 메일을 꼭 보내고 싶으면 상대방의 개인 메일로 보낸다.

각종 조사 결과에 따르면 미국인의 87퍼센트가 자신이 하는 일을 싫어한다. 사람들이 평생 일하는 시간이 평균 9만 시간에 이른다는 점을 고려하면 꽤 걱정스러운 결과이다.

인생에서 이렇게 많은 시간을 쏟아 붓는 일인데 당연히 즐기면서 해야 하지 않을까? 자신이 하는 일이 너무 싫으면 조언이 필요한 시점이다. 다음 질문을 자문해보면, 마음을 다잡고 다시 열심히 일할지 아니면 직장을 옮길지를 결정하는 데 도움이 될 것이다.

1. '애초에 왜 이 일을 시작했는가?' 대체로 시간이 지나면 해당 업계 또는 일자리에 종사하게 된 이유를 망각하기가 쉽다.
2. '내 일에서 부정적인 면만 보고 있나?' 잠시 시간을 내 긍정적인 면을 생각해보면 균형 잡힌 시각을 갖게 된다.

3. '일의 난이도가 조금 올라가면 훨씬 즐겁게 일할 수 있을까?' 식상했던 일이라도 책임감과 어려움이 커지면 활력을 되찾을 수 있다.

4. '과거에 일에서 느꼈던 동기와 즐거움을 소생시킬 수 있을까?' 현재 하는 일에서 동기나 즐거움을 전혀 못 찾겠다면 다른 일을 알아볼 때이다.

새로운 일자리를 찾기로 결정했다면 즐겁게 할 수 있는 일을 골라야 한다. 2006년에 미국인 2만 7,000명을 무작위로 선정해서 실시한 일반사회조사(GSS) 결과에 따르면 사람들이 가장 즐겁게 일하는 직업은 다음과 같다.

- 성직자 87퍼센트

- 소방관 80퍼센트

- 심리 치료사 78퍼센트

- 작가 74퍼센트

- 특수교육 교사 70퍼센트

- 교사 69퍼센트

- 교육 행정가 68퍼센트

- 화가와 조각가 67퍼센트

- 심리학자 67퍼센트

- 금융 서비스 업체 판매원 65퍼센트

- 기계 기술자 64퍼센트

- 사무직 관리 61퍼센트

투입량과 산출량, 실적 평가를 좋아하는 이성적인 사람들은 브레인스토밍을 무시하는 경향이 있다. 그러나 많은 기업에서 직원들이 둘러앉아 갖가지 아이디어를 내는 활동이 실적을 올리는 데 큰 도움이 됨에는 의문의 여지가 없다. 휴대전화 업체인 노키아는 새로 부임한 CEO 요르마 오릴라(Jorma Ollila)가 연 브레인스토밍 회의로 운명이 역전됐다.

1992년에 오릴라는 한 브레인스토밍 회의에서 "텔레컴을 중심에 두고 세계 시장에 초점을 맞춰 새로운 가치를 부가하자"는 새롭고 설득력 있는 회사의 미래상을 발표했다. 그는 이후 몇 년 동안 이 미래상을 근거로 과거에 몸집만 거대했던 전근대적 복합기업을 오늘날의 세계적인 혁신업체로 변모시켰다. 브레인스토밍은 노키아의 전략적 발전에서 없어서는 안 될 중요한 역할을 했다.

'브레인스토밍'이라는 용어는 광고 업체 BDO의 중역 알렉스 오스본(Alex Osborn)이 만들었다. 그는 1948년에 출간한 《창조력》에서 브레인스토밍 기술을 소개했다. 이 용어가 브레인스토밍 회의의 소산물인지는 분명하지 않다.

많은 회사가 조직을 변환하는 혁신 작업에서 브레인스토밍을 가장 중요하게 여긴다. 〈포춘(Fortune)〉은 국제적인 디자인 업체 IDEO를 '실리콘 밸리의 비밀 병기'라고 칭했다. IDEO는 애플의 컴퓨터 마우스를 개발했으며 영화 〈프리윌리〉에 등장하는 7.62미터짜리 고래 모형을 만드는 등 다양한 프로젝트를 성공시켰다.

IDEO는 특별한 방법으로 브레인스토밍을 한다. 프로젝트 진행자는 새로운 임무를 시작할 때 관련자를 대상으로 브레인스토밍 회의를 소집한다. 대부분 각 분야에서 여덟 명쯤 선발한다.

일단 브레인스토밍이 시작되면 참석자들은 자유롭게 창조성을 발휘한다. 참석자들은 거의 모든 내용을 재빨리 메모한다. 벽마다 화이트보드를 여러 개 걸어놓고 회의실 탁자에 흰 종이를 깔아놓으며 첨단기술의 멀티미디어 프레젠테이션도 도입한다.

IDEO는 브레인스토밍의 5대 원칙―주제에 초점 맞추기, 엉뚱한 아이디어 장려하기, 성급한 판단 미루기, 다른 사람의 아이디어를 바탕으로 발전시키기, 한 번에 한 가지만 이야기하기―을 정했다. 한편 브레인스토밍을 하지 않는 방법을 알고 싶으면 노먼 헌터(Norman Hunter)가 지은 《브레인스타움 교수의 놀라운 모험(The Incredible Adventures of Professor Branestawm)》을 참고하기 바란다.

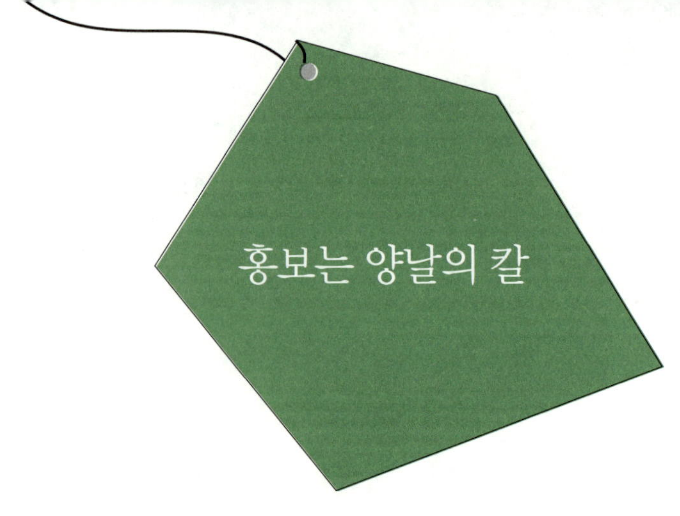

2007년에 캐드베리 스윕스는 상품 판촉의 일환으로 보물찾기 행사를 개최했다. 미국 세 도시에 숨겨놓은 금화를 찾는 사람에게 상금으로 최대 76만 파운드를 주겠다는 것이었다. 안타깝게도 매사추세츠 주 보스턴에 동전을 묻는 일을 담당한 광고회사는 347년이라는 긴 역사를 지닌 그래너리 묘지를 선택하는 실수를 하고 말았다.

돌아가는 상황에 걱정이 된 당국자들은 무덤이 파헤쳐지기 전에 공동묘지를 닫기로 했다. 이렇게 되자 캐드베리 스윕스는 홍보가 실패로 치닫는 것을 막으려고 관계 당국에 재빨리 사과하고 장소를 변경했다.

아일랜드 극작가 브렌던 비언(Brendan Behan)이 살아 있었다면 '자신의 사망 기사를 제외하면 모든 홍보는 좋은 것이다' 라고 했을 것이다. 그러나 사업계에서 일어나는 상황은 브렌던의 견해와 다르다. 버진 트렌인스 측은 2006년 11월에 일어난 한 사건을 언론에서 연일 보도할 때 전혀 달가워하지 않았다. 당시 이 회사의 펜돌리노 열차 기관사는 운전석 창가 와이퍼에 이상이 생기자 수리에 필요한 너트와 볼트가 있으면 도와달라고 승객들에게 부탁했다가 빈축을 샀다.

버진과 이 회사의 경영자인 브랜슨이 잘 알듯이, 홍보는 잘만 사용하면 아주 중요한 마케팅 무기이자 브랜드 강화 도구이다. 실제로 버진의 다양한 사업을 선전하려고 각종 옷(웨딩드레스, 조종사복, 우주복)을 입고 홍보하는 브랜슨의 전략은 놀라운 성공을 거뒀다. 그러나 버진의 철도에서 일어난 일이 보도되면서 회사 이미지가 엄청나게 손상된 데서 볼 수 있듯이, 홍보는 양날의 칼과 마찬가지라 아주 주의해서 다뤄야 한다. 안타깝게도 정당화되지 못하면 호된 비판을 듣는다.

많은 사람들이 정기적으로 홍보전을 펼치며, 위험에 처했을 때 이를 처리해줄 홍보 분야 전문 고문을 확보하고 있다. 그러나 정기적으로 실시하지 않거나 조언가가 없는 상태에서 어떻게 해서든 홍보로 활력을 찾아야겠다고 나서는 기업은, 미숙하게 진행하거나 결과가 안 좋으면 비참한 나락으로 떨어질 수 있음을 명심해야 한다.

이쯤에서 제럴드 라트너(Gerald Ratner)가 남긴 유익한 교훈을 떠올려보자. 그는 영국 최고의 보석 소매점인 라트너스의 대표였다. 그는 1991년 경영자 협회회의에서 많은 사람들 앞에서 연설하다가 라트너스의 4.99파운드짜리 셰리주 병이 '완전히 쓰레기'라고 지각없는 발언을 했다. 이어 그는 "라트너스가 막스 앤드 스펜서의 새우 샌드위치보다 싼 1파운드도 안 되는 가격에 귀고리 한 쌍을 팔고 있는데, 그 귀고리는 금방 망가질 것이다"라는 농담으로 실수를 만회하려 했다.

라트너의 말에 관중이 크게 웃었지만, 그의 말이 언론에 공개되면서 예상하지 못한 큰 희생을 치러야 했다. 이 회사 제품에 대한 소비자 신뢰도가 급격히 떨어져 회사 가치가 5억 파운드나 떨어진 것으로 추산됐다.

일부 음식을 먹으면 원기 왕성하게 하루를 보낼 수 있다는 이야기를 많이 들었을 것이다. 이는 상식이다. 그러나 건강에 좋은 음식의 기준은 주기적으로 변한다.

다들 알겠지만, 1960년대에 코미디언 토니 핸콕(Tony Hancock)이 출연한 '달걀 하나 먹고 출근하기(Go to Work on an Egg)' 광고에서는 달걀의 장점을 극찬했으며 선풍적인 인기를 끌었다. 그러나 영국달걀정보서비스(BEIS)가 2007년에 이 텔레비전 광고를 다시 방송하려 하자, 정부의 지원을 받은 한 단체가 아침마다 달걀을 하나씩 먹는 것은 건강하고 다양한 식단이 아니라는 이유로 방송을 제지했다.

영화배우 폴 뉴먼에게는 안 된 일이지만 이는 때늦은 조언이었다. 그는 1967년에 나온 영화 〈탈옥〉에서 한 시간에 완숙 달걀 50

개를 먹었다. 하긴 달걀을 다 먹어갈 즈음에 그의 얼굴이 그리 좋아 보이지는 않았다.

그렇다면 무엇을 먹어야 하는가? 전문가들에 따르면, 하루를 원기 왕성하게 보내고 싶으면 탄수화물 50퍼센트, 지방 30퍼센트, 단백질 20퍼센트로 식단을 짜야 한다.

비타민과 무기질을 충분히 섭취하려면 다양한 음식을 섭취해야 한다. 신체에 필요한 모든 비타민과 무기질이 한꺼번에 들어 있는 음식은 없다. 따라서 다양한 음식을 먹을수록 필요한 모든 영양소를 섭취할 가능성이 높아진다. 섬유질이 포함된 음식을 먹으면 소화 과정이 길어져서 지속적으로 에너지를 방출하는 데 도움이 된다. 또 날마다 물을 2리터쯤 마셔야 한다.

하루 동안 음식 섭취량을 고르게 하면, 신진대사가 촉진되고 비타민이 효율적으로 흡수되어 고르고 지속적으로 에너지가 방출된다. 섭취량은 '하라 하치 부(hara hachi bu)' 할 때까지가 좋다. 일본 오키나와에서 자주 쓰는 이 말은 '80퍼센트쯤 찼을 때까지 먹는다'는 뜻으로, 칼로리 섭취량을 조절하는 데 아주 훌륭한 조언이다. 오키나와 사람들은 건강하게 사는 방법을 몇 가지씩 알고 있다. 이들은 세계적으로 장수하는 사람들로 유명하다. 오키나와 사람들의 평균 수명은 85세이며, 100세가 넘은 사람도 많다.

광산 노동자들이 스타하노프 운동으로 상금을 받던 시절은 이제 사라졌다. 이 운동은 소비에트 연방의 영웅인 알렉세이 스타하노프(Alexey Stakhanov)의 이름을 딴 것이다. 스타하노프는 1935년 8월에 5시간 45분 동안 석탄을 102톤이나 캐는 기록을 세우면서 놀라운 생산력을 가진 사람으로 유명해졌다. 이는 할당량의 14배나 되는 양이었다. 다음 달에 그는 하루 동안 다시 227톤을 캤다고 알려졌다.

생산 목표를 초과하도록 광부들을 독려하는 과정에서, 스타하노프의 기록은 소비에트 연방 전역에서 모범 사례로 강조되었다. 당시 노동정신을 고취하려고 사용된 또 다른 방법은 할당량을 달성하지 못한 사람들을 수용소 또는 굴라크(Gulag)라는 노동수용소에 감금하는 것이었다.

물론 스타하노프만큼 생산성이 높지 못하거나 노동수용소에 감금한다는 협박을 받지 않더라도, 여러분 개인의 생산성을 향상시킬 수 있는 방법이 많다. 훌륭한 기업인은 이를 자연스럽게 해낸다. 물론 일류 기업가 주변에는 유능한 조력자들이 늘 포진하여 생산성 향상을 돕는다. 그러나 이런 조력자들의 존재 여부와 상관없이 생산성 발휘에서 가장 핵심은 시간을 잘 활용하는 것이다.

스타하노프가 살아 있다면 다음을 제안했을 것이다.

- 달성해야 하는 업무를 나눠서 '할 일' 목록을 만든다. 이렇게 해두면 마무리 지어야 하는 일에 초점을 맞출 수 있다. 주초에 목록을 만들고 업무와 관련된 일은 물론 개인사도 포함시킨다. 가장 중요한 일을 처음에 하지 않으면 '할 일' 목록이 있어봤자 소용없음을 명심한다.
- 일정표에 해야 할 일을 모두 적고 충분한 시간을 배정한다. 이 계획의 실행 과정을 기록해서 점검하다 보면 상황을 잘 통제하고 있다는 자신감이 생긴다. 또 여러 일을 한꺼번에 처리하려는 불가능한 욕심도 버리게 된다. 물론 이런 방식이 성공하는 경우도 있겠지만, 복잡한 일인 경우 여러 가지를 한꺼번에 하려다 보면 적응하는 데 시간이 걸려 생산성이 떨어진다.
- 마지막으로 렉스마크의 조사 결과를 살펴보면 도움이 될 것이다. 렉스마크가 실시한 설문조사에 따르면, 전 세계에서 영국 직장인들은 사무실에서 가장 많은 시간을 보내는 반면에 집중력이 가장 떨어진다. 영국 직장인은 업무시간 가운데 평균 22퍼센트를 홍차

를 만들거나 잡담하거나 휴가 계획을 세우면서 허비한다.

이런 사람들이 휴가 대신에 굴라크에서 워킹홀리데이를 하면
서 보내야 한다면, 이 수치가 현저하게 떨어질 것이다.

과거에는 불만에 찬 직원들이 저지르는 최악의 행동이라고 해 봐야 회사 연필 몇 자루를 훔치거나 동료와 회사 험담을 하는 정도였다. 그러나 오늘날은 한 직원이 마우스만 한 번 클릭해도 몇 년간 진행하던 작업이 물거품이 되거나 금전적으로 엄청난 손해가 생길 수 있다. 따라서 많은 기업은 해고가 결정된 직원을 가능하면 빨리 사무실에서 쫓아내려 한다.

해고당한 신문 편집자들이 책상을 정리할 시간도 없이 출입구로 향하는 것은 오래전부터 익숙한 광경이다. 2004년에 피어스 모건(Piers Morgan)은 〈데일리 미러〉 편집장 자리에서 해고당하자마자 사무실 통행에 필요한 전자 통행증을 뺏겼으며 경비원들이 강제로 회사 밖으로 안내했다. 너무 순식간에 일어난 일이라 피어스는 재킷과 휴대전화를 챙길 시간도 없었으며, 나중에 비서가 물건을 챙겨다 줬을 정도였다. 피어스도 비슷한 방식으로 냉정하게 사무실에서 쫓겨난 수많은 유명 편집자 대열에 합류한 것이다.

이런 식으로 직원을 내쫓는 게 조금은 과민반응으로 여겨지겠지만, 회사 입장에서도 이렇게 전전긍긍할 만한 이유가 있다. 불평을 품은 직원이 복수하려고 심각한 문제를 일으킨 경우가 허다하기 때문이다. 네트워크 기술자인 티머시 로이드(Timothy Lloyd)는 오메가 엔지니어링에서 해고된 뒤 분노를 이기지 못하고 원격조정으로 소프트웨어 '폭탄'을 터뜨렸다. 이 일로 회사가 입은 손해는 1,000만 달러쯤이었다.

이 소프트웨어 폭탄은 프로그램 1,000개 이상이 저장돼 있던 중앙 파일 서버에 침입해 모든 자료를 삭제해버렸다. 당시 미국 해군과 NASA에 첨단장비를 납품하던 오메가 엔지니어링은 이 일로 엄청난 타격을 받았다. 결국 로이드는 41개월 형을 받았다.

성공의 사다리를 타고 싶으면 연설이나 프레젠테이션을 해야 할 날이 꼭 오기 마련이다.

위대한 연설가 윈스턴 처칠처럼 멋진 연설로 온 나라를 뒤흔들 필요는 없다. 또 1863년에 에이브러햄 링컨이 했던 게티즈버그연설만큼 유명해지지 않아도 좋다. 그러나 직장에서 쫓겨나지 않고 계속 월급을 받으면서 살려면, 적어도 어지간한 연설 실력을 갖춰야 한다.

훌륭한 연설은 해당 시기에 중요한 사항을 얼마나 잘 집어내느냐에 달려 있다. 다이애나 왕세자비의 장례식에서 오빠 찰스 스펜서(Charles Spencer)가 연설할 때 전 세계의 눈과 귀가 집중됐다. 찰스는 다이애나 왕세자비를 '현대 사회에서 가장 쫓기며 사는 사람'으로 만들어놓았다고 언론을 비난했으며, 그가 토해내는 열변에 전 영국인은 마음을 빼앗겼다. 후에 그는 이 연설이 "머리가 아니라 마음에서 쏟아져 나온 말"이었다고 이야기했다.

마음에서 우러나온 내용으로 조리 있고 훌륭하게 연설할 수 있는 사람은 극소수이다. 특히 사전에 계획되거나 작성된 내용으로 연설을 잘하기는 더욱 어렵다.

전문가들은 성공적인 연설의 핵심은 내용을 잘 준비하는 것이라고 한다. 다음의 '실천 사항'과 '금지 사항'을 파악해두면 여러분의 연설 내용이 제대로 됐는지를 판단할 수 있을 것이다.

실천 사항

- 프레젠테이션의 초점을 결정한다.
- 관중이 알고 있는 내용을 파악한다.
- 힘 있게 시작한다.
- 신뢰를 쌓는다.
- 교육적인 요소를 포함시킨다.
- 용어의 뜻을 명확히 한다.
- 밀물과 썰물 기법을 도입한다.
- 이야기를 활용한다.
- 적절한 유머를 삽입한다.

금지 사항

- 파워포인트 슬라이드에 연설 내용과 똑같은 말을 빽빽이 적는다.
- 내용을 과다하게 많이 전달한다.―하지만 관중은 이를 다 기억하

지 못한다.

- 프레젠테이션 내용을 요약하지 않고 갑자기 마무리한다.
- 선심 쓰는 체한다.

모든 업무에는 목표가 있기 마련이며, 이 목표는 다시 회사의
목적에 영향을 미친다. 또 이 목표는 관계자의 봉급이나 복지혜택
과도 밀접하게 연계돼 있다.

한편 모든 사람들이 목표 설정이 이익을 가져다준다고 믿지만,
일부 연구결과에 따르면 오히려 이런 목표가 회사에 부정적인 영향
을 미치기도 한다.

물론 목표를 설정해서 높은 실적을 올린 사례는 아주 많다. 반
면에 목표를 달성하지 못하거나 목표를 달성하려고 속임수를 쓰고
편법을 이용해서 회사에 심각한 피해를 주는 경우도 있다.

스코틀랜드에서 일반 개업의들은 환자가 예약한 뒤 48시간 안
에 진료를 마치기로 목표를 세웠다. 의사들이 이 목표를 어떻게 달
성했는지 아는가? 이들은 환자들이 병원에 전화한 당일에만 예약

하도록 규칙을 강화했다. 이 때문에 정기검진을 받아야 하는 환자들이 예약하려고 며칠 동안 계속 전화통을 붙잡고 있어야 하는 부작용이 발생했다. 결국 의사들이 세운 목표는 달성됐지만 서비스의 질은 떨어졌다.

모리스 슈바이처(Maurice Schweitzer) 교수가 이 상황을 내다봤던 것처럼, 의사들도 당연히 이를 예측했어야 했다. 슈바이처는 세계적으로 유명한 비즈니스 스쿨인 펜실베이니아 대학 워튼스쿨에서 생산 및 정보관리 담당 교수이다.

슈바이처는 〈경영학회지〉에 실린 논문 '비윤리적 행동을 자극하는 목표 설정'에서, 목표 설정에 부정적인 면이 내재돼 있다고 설명했다.

"목표를 설정하면 건설적인 행동을 하게 되는 게 사실이지만, 특히 보상이 있는 상황 등에서 설정된 목표를 달성하기가 힘들어지면 비윤리적 행동을 하게 된다"는 것이다.

슈바이처는 최근 몇 년 동안 사업계에서 엄청나게 쏟아져 나온 부정 사건을 예로 들었다. 월스트리트 분석가들이 정해놓은 분기별 목표를 맞추려고 장부를 조작한 기업 중역들이 적발되고 있다. 또 판매원들은 판매실적을 거짓으로 보고하거나 과장하고 있다.

제조업자들은 완성되지도 않은 제품을 선적한다. 전 세계 또는 외부에서 정해놓은 판매 목표를 달성하려고 노력하는 과정에서 이런 부정행위가 야기된다는 것이다.

이 논문에서 슈바이처와 공저자들은 "목표 없이 그저 최선을 다하려는 사람에 비해, 설정 목표를 달성하지 못한 사람들이 비윤리적인 행동을 하는 경향이 강하다"는 점을 밝혀냈다. 이 짜증스러운 결과는 우리가 추구하는 목표 지상주의 세태를 그대로 반영한 것이다.

세계적인 미래학자 앨빈 토플러(Alvin Toffler)는 1970년에 출간한 《미래의 충격》에서 미래사회는 "일 중심에서 벗어나 레저에 적극 참여하는 형태로 이동"할 것이라고 예측했다. 토플러 외에도 많은 사람들이 21세기 이후 세상을 낙관적으로 봤다. 기술의 발전으로 생산성이 올라가고 결과적으로 레저 시간이 늘어날 것이라는 데 전반적으로 동의하는 분위기였다. 적어도 선진국은 탈공업화 레저를 기반으로 한 사회로 변모할 것이라고 생각했다.

그러나 안타깝게도 레저의 시대는 구현되지 않았다. 오히려 현실은 이와 완전히 반대였다. 대부분 일하는 시간이 과거보다 길어졌다. 일하지 않고 전원생활을 즐기며 살아갈 것이라는 이상향이 헛된 희망이었음이 분명해지자, 좀더 효율적이고 즐겁게 일할 수 있게 직장과 작업 공간을 향상시키는 데 관심이 집중됐다.

많은 사람이 과감한 예측을 늘어놓았다. 이들은 휴대용 컴퓨터, 광대역 무선 랜, 인터넷, 이메일, 음성인식 인터넷 장치, 인스턴트 메시지(메신저 등), 휴대전화 같은 기술 발달로 직장인들이 사무실의 정해진 틀에서 벗어나 일하게 될 것이라고 했다. 현대 기술 덕분에 중역들이 전 세계를 이동하면서도 사무실에 있는 것과 마찬가지로 동료나 고객과 연락을 주고받을 수 있을 것이라는 예상도 나왔다.

그러나 현재 컴퓨터와 각종 휴대용 장비를 갖추고 출장을 다니는 사람들이 많긴 하지만 많은 직장인들이 여전히 물리적인 작업 공간, 즉 사무실을 벗어나지 못하고 있다.

또 현재 작업공간의 실상 또한 하버드 디자인 대학원이 내놓았던 새로운 미래 비즈니스 건축상과 다르다. 이들의 목적은 실제 세계와 가상 세계의 융합이었다. 어쨌든 현재 기업가들은 사무실 책상 공동 이용(책상, 작업대 등 보통 한 사람에게 배정된 자원을 공동으로 사용), 회합장소(창조성을 촉진하고 상호교류를 위해 마련된 비공식적 만남의 장) 마련 등의 시도로 서서히 눈을 돌리고 있다.

그러나 아직 대부분 칸막이 사무실에서 일하는 것이 현실이다. 〈포춘〉에 따르면 미국인 4,000만 명이 칸막이가 쳐진 채 빽빽하게 붙어 있는 작은 책상에서 일한다. 심지어 '칸막이 공간을 멋지게 꾸미는 법'을 다룬 《세련된 큐브 스타일》이라는 책까지 나왔다. 이런 상황을 만든 주범은 바로 로버트 프로프스트(Robert Propst)이다.

1968년에 미국 가구업체 허먼 밀러는 새로운 개념의 액션 오피스라는 사무 가구를 출시했다. 이는 바로 현대식 칸막이 책상의 시초였다. 이 회사 대표이자 개발팀장인 프로프스트가 이 제품을 개

발할 때의 의도와 달리, 안타깝게도 경제 원리와 결합된 액션 오피
스는 한 층에 작은 칸막이 공간 수백 개를 빽빽하게 채워놓는 결과
를 낳았다.

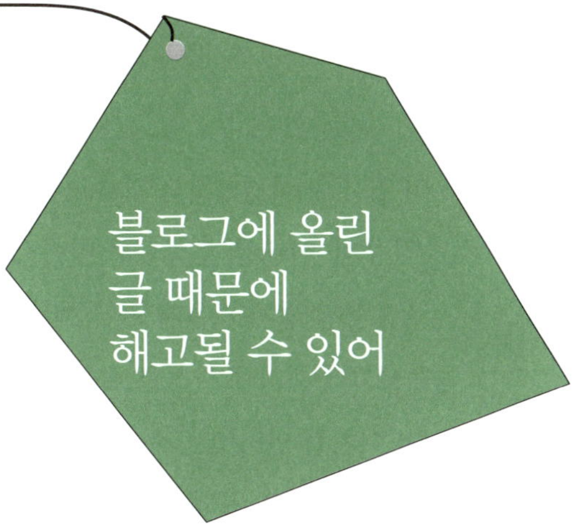

요즘은 블로그가 대세다. 현재 블로그는 8,600만 개에 달하며 나날이 증가하고 있다. 심지어 고위 경영진도 블로그를 가지고 있다. 그 덕분에 누구라도 사업 분야의 거장이나 유명인의 내면과 희망, 두려움을 쉽게 읽을 수 있는 세상이 됐다.

지난번에 구글에서 간단히 검색했더니 전통적으로 첨단기술과 거리가 먼 자동차 회사 GM의 블로그도 있었다. 기술에 정통한 이 회사 70대 부회장 밥 루츠(Bob Lutz)가 글을 올리고 있었다. 또 출판 기업 와일리의 부회장 조지프 B. 위커트(Joseph B. Wikert)는 '조 위커트의 출판 2020'이라는 블로그를 가지고 있다. 선 마이크로시스템의 회장이자 최고운영책임자(COO)인 조나단 슈워츠(Jonathan Schwartz) 역시 블로그에서 회사 내부에 관한 견해를 담고 있다.

그러나 블로그를 만들려 하거나 이미 있는 사람들이 주의할 점이 있다. 미국경영자협회(AMA)와 e폴리시 학회가 2006년에 내놓은 '직장 내 이메일, 인스턴트 메시지 및 블로그' 설문조사 결과에 따르면 응답 업체 가운데 거의 2퍼센트가 개인 블로그를 포함한 각종 블로그에 회사에 불리한 내용을 게재했다는 이유로 직원을 해고했다. 이처럼 인터넷 블로그, 일기, 웹사이트 등에 쓴 글 때문에 해고당하는 경우를 뜻하는 인터넷 신조어가 '두스드(dooced)' 이다.

블로그 사용에는 비방, 저작권 위반, 거래 기밀 누설, 법적·개인적 문제 등이 일어날 각종 위험이 도사리고 있다. 조사 결과 비즈니스 블로그 활동에서 유발되는 문제점을 막을 정책을 제대로 갖춘 기업은 9퍼센트에 불과했다. 그리고 직원의 개인 블로그에 실린 내용을 관리하는 규칙을 마련해놓은 회사는 7퍼센트밖에 안 됐다.

델타 항공의 전 승무원 엘렌 시모네티(Ellen Simonetti)는 블로그로 예기치 못한 피해를 입은 유명한 사례이다. 시모네티는 승무원 유니폼을 입은 사진을 자신의 블로그 '창공의 여왕 : 문제 많은 승무원의 일기' 에 실었다. 이 항공사의 상관들은 블로그에 실린 시모네티의 사진이 적절하지 않다고 여겨 그녀를 해임했다. 이 사진들은 이름을 바꾼 '창공의 여왕 : 해고된 승무원의 일기' 블로그에 실려 있다.

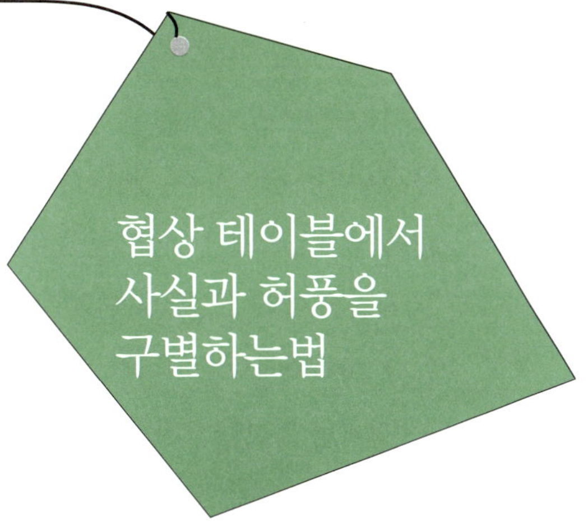

협상은 개인의 삶이나 직업에서 모두 중요한 기술이다. 포커와 마찬가지로 협상에서는 상대방이 사실을 말하는지 허풍을 치는지 (또는 거짓말하는지)를 알고 있거나 적어도 판단하는 능력이 중요하다. 일단 상대방이 진실을 말하지 않는다는 점만 파악해도 큰 이점을 가진 셈이다.

사람들은 대부분 다른 사람이 거짓말을 하는지 잘 알고 있다고 생각한다. 거짓말하는지를 판단하는 증거는 잘 알려져 있다. 안절부절못하거나 눈을 마주치지 않거나 긴장해서 눈을 깜박거리거나 눈을 흘긋거리거나 뒤통수를 만지거나 코를 긁는 등이다.

그러나 많은 연구 결과를 보면 거짓말을 알아내는 것은 그리 간단하지 않다. 포츠머스 대학 심리학자 사만다 만(Samantha Mann) 박사의 연구에 따르면, 오히려 거짓말쟁이는 안절부절못하거나 눈을 흘긋거리는 경향이 더 적다. 생각과 달리, 이들은 거짓말하려고 열심히 생각하므로 신체를 덜 움직인다는 것이다. 따라서 거짓말하는 사람은 머리나 얼굴을 만지는 등의 자기방어 행동을 잘 하지 않는다. 마찬가지로 손가락질도 잘 안 한다.

그러나 거짓말을 가려내는 신호가 몇 가지 있다. 거짓말하는 사람은 그렇지 않은 사람에 비해 비유적인 몸짓을 25퍼센트나 많이 하는 것으로 나타났다(예, 손을 벌려 크기 강조. '이만 한 물고기를 잡았어!' 등). 또 거짓말하는 사람은 상징적인 몸짓(예, 특정한 뜻을 전달하는 신체 동작. 아무 문제없다는 뜻으로 엄지손가락 들어올리기)이나 율동적인 몸짓(예, 허공에 손가락 찌르기)도 자주 한다.

사만다 만의 논문에는 경찰 취조 중에 용의자의 행동을 연구한 것도 있다. 만은 명백한 용의자가 혐의가 없는 용의자보다 눈을 덜 깜박거리며, 말을 하다가 중단하는 경우가 더 많음을 발견했다. 용의자의 81퍼센트가 거짓말을 하면서 더 오랫동안 말을 멈추고 눈을 덜 깜박였다.

그러니 다음에 협상할 때 상대방이 자주 말을 멈추거나, 눈을 깜박거리지 않고 여러분을 응시하거나, 허공에 손가락질을 하면서 "우리가 제공할 수 있는 최고의 조건입니다"라고 말하면, 좀더 나은 거래 조건을 끌어낼 여지가 있다고 생각해도 좋다.

경영 분야 연구자들에 따르면, 1년 중에서 2월 첫째 월요일은 허락을 받지 않은 결근, 즉 병가가 가장 많이 생기는 날이다. 한 근로자 설문조사 결과를 보면 크리스마스 후의 우울함, 안 좋은 날씨, 한참 기다려야 하는 다음 국경일 등의 요소가 어우러져 직장인의 10퍼센트가 결근하도록 부추긴다. 또 주말에 이어서 월요일에 결근하면 3일이라는 휴가 기간이 생긴다는 이유도 한몫한다.

랭커스터 대학 경영 대학원 조직 심리 및 건강 학부의 캐리 쿠퍼(Cary Cooper) 교수가 조사한 결과에 따르면, 응답자 가운데 거의 20퍼센트가 병가 소식을 문자로 보내도 괜찮다고 생각했다. 또 28퍼센트는 전화를 해서 가짜로 기침하거나 상대방이 알아듣지 못하게 빠르게 웅얼거려 봤다고 답했다.

가짜로 병가를 낸 사실이 적발됐다고 답한 경우는 응답자의 5퍼센트에 불과했으니, 하루 동안 자유 시간을 보낼 것을 생각하면 시도해볼 만하다. 2006년 월드컵 기간 중에 너무 많은 직원이 전화로 병가를 내자, 일부 기업은 간호사를 고용해서 전화로 직원의 증상을 들은 다음에 꾀병 부리는 사람을 가려내게 했다.

스코틀랜드 로디안 주에 있는 한 회사는 월드컵을 보려고 가짜로 병가를 낸 것으로 의심되는 직원 두 명을 잡아내려고 사설탐정을 고용하기도 했다. 탐정은 도청 장치를 설치하고 집에서부터 미행해서 이들이 웨스트 로디안의 술집에 있는 것을 찾아냈다. 그리고 나서 이들의 움직임을 비디오로 찍어 테이프를 회사 측에 넘겼다.

영국경제인연합회(CBI)가 출간한 통계자료에 따르면, 영국 근로자가 병가를 낸 일수는 2006년에 평균 7일이었고 2005년에는 6.6일이었다. CBI는 이에 따라 2007년에 작업일수가 총 1억 7,500만 일이나 줄어들면서 134억 파운드에 달하는 경제적 손실이 일어났다고 추산했다.

여러분이 변칙으로 휴가를 내고 싶지만 회사에서 징계를 당하는 위험을 감수하고 싶지 않다면, 좀더 개화된 국가로 이민을 가는 방법을 고려해볼 수도 있다.

일부 국가에서는 비난받을 걱정을 하지 않고도 마음껏 병가를 낼 수 있다. 예를 들어 스웨덴의 많은 회사는 다양한 '정신 건강' 일 제도를 운영하고 있다. 근로자들은 원하는 날을 골라 하루 결근해도 된다. 전화를 걸어 가짜로 기침하거나 웅얼거릴 필요도 없다.

어떤 일에 종사하든 그 전날 적당한 시간 푹 자두면 업무 능력이 훨씬 향상된다. 그렇다면 전날 새벽까지 인터넷에서 검색하느라 소중한 수면 시간을 잃었다고 해보자. 이것이 큰 문제가 되는가? 이는 어디까지나 어떤 직업이냐에 달려 있다. 일을 하다가 한순간만 졸아도 비참한 결과를 몰고 오는 직업이 있기 때문이다.

예를 들어 직업상 운전을 해야 한다면 다음의 객관적 통계 자료를 참고하기 바란다. 매년 영국인 가운데 거의 4만 5,000명이 자동차 사고로 사망하거나 심각한 부상을 입는데, 도로 안전 전문가들은 이런 사고의 주요 원인으로 운전자의 피로를 꼽는다. 고속도로와 트럭 전용 도로에서 일어나는 교통사고 가운데 20퍼센트가 이 때문에 발생한다.

이 때문에 많은 반발에도 1950년 이후로 영업용 자동차 운전자를 단속하는 데 속도계가 이용되었다. 또 현재 교통사고를 줄이려는 한층 강화된 시도로 전자 속도계가 장착되고 있다.

충분한 수면은 생산성을 높여주며 주변인의 직접적인 안전과 밀접한 관련이 있다. 그리고 멀리 봤을 때 본인의 건강을 위해서도 꼭 필요하다. 잠이 부족한 사람은 심장마비와 당뇨병, 편집증에 걸릴 확률이 훨씬 높다. 〈월 스트리트 저널〉은 근로자가 늦은 밤에 이루어지는 작업 일정에 적응하지 못해 발생하는 생산성 감소, 사고 발생, 건강 악화 때문에 들어가는 비용이 700억 달러에 이른다고 보도했다.

일반적으로 성인은 밤에 평균 7~8시간을 자야 한다. 한편, 영국 러프버러에 있는 수면 연구 센터는 이보다 조금 줄여서 적어도 6시간쯤 자면 된다고 발표했다. 알베르트 아인슈타인은 하루에 9시간 이상을 잔 반면, 전 영국 총리 마거릿 대처의 수면시간은 4시간 이하였다.

밤에 푹 자고 싶으면 홍보나 마케팅 분야에서 일하는 것도 고려해볼 만하다. 트레블 로지가 내놓은 '2007 수면 연구' 자료를 보면 충분히 숙면한다고 응답한 사람 중에 86퍼센트가 이 분야 종사자였다. 물론 이들이 숙면을 누리는 이유는 응답자 95퍼센트가 말한 대로 "퇴근해서 집에 돌아오자마자 소파에 쓰러져서 잠이 들기 때문"이겠지만 말이다.

전 국가적인 건강증진 캠페인이 너무 자주 있다. 이런 캠페인에서는 직장인들에게 지하철을 타고 갈 때 한 정거장 전에 내려서 걸어가자고 촉구한다. 또 승용차나 버스를 타는 대신 회사까지 걸어가야 한다고 한다. 그리고 엘리베이터를 타는 대신 계단으로 올라가야 한다고 강조한다. 이 밖에 전 국민 건강증진 캠페인의 주제인 '자전거를 타기'도 빼놓을 수 없다.

런던 사이클링 캠페인에 따르면 자전거를 타고 출근하는 것은 건강에 좋은데다 즐겁기까지 하다. 정부는 회사에서 자전거 구매 비용을 비과세로 대출해주는 정책을 실시하도록 권장하고 있다. 런던 교통국에 따르면 정기적으로 자전거를 타는 사람은 자전거를 전혀 타지 않는 사람보다 대체로 건강하고 체력이 좋다. 사이클링 잉글랜드 측은 자전거로 출근하는 영국인이 이미 60만 명에 달한다고 추정한다.

그렇다면 충분히 가능한데도 자전거로 출근하지 않는 이유가 무엇인가? 왕립사고예방협회에서 내놓은 수치를 잠깐 훑어보면 자전거 타기 운동에 반기를 들 수밖에 없다. 해마다 약 1만 6,000명이 자전거를 타다가 사망하거나 부상을 당한다. 이 가운데 2,100명이 사망하거나 심각한 상해를 입는다. 이는 신고된 사고 건수만 합산한 수치이다. 자전거 사고 피해자의 60~90퍼센트는 아예 신고조차 하지 않는다.

정상적인 버스와 전차 운전자라면 수많은 자동차와 버스, 피해 다녀야 하는 사람들로 북적대는 도시를 운행할 때, 길거리에 파인 홈이나 한순간에 생명을 앗아갈 실수를 피하기 위해 늘 조심한다. 실제로 〈미국공중보건저널〉에 나온 한 논문에 따르면, 주행거리를 기준으로 볼 때 미국에서 자전거 사고 사망자가 자동차 사고 사망자보다 12배나 많았다.

그러니 자전거에 뛰어올라 건강을 증진하고 싶은 마음이 들거든, 버스 승차권을 자전거용 안전헬멧으로 바꾸기 전에 위에 제시한 각종 자료를 다시 읽어보기 바란다.

직장에서 계속 업무만 볼 필요가 있는가? 업무 시간 중 잠시 짬을 내 개인 작업을 하거나 창조성을 키우거나 새로운 사업 구상을 하면 안 되는가?

대부분의 회사에서 일상적인 업무를 게을리 하면 징계를 받고, 이런 행동이 계속될 경우 결국 해고당한다. 그러나 일부 회사는 다양한 활동을 권장하며 결과에 따라 상을 주기까지 한다.

캘리포니아 마운틴뷰에 본사를 둔 인터넷 검색업체 구글은 직원이 기업가 정신을 마음껏 발휘하게 권장한다. 이 회사는 업무 시간 중 20퍼센트를 직원이 원하는 활동을 하면서 보내도록 허용한다. 당연히 이 자유 시간에는 회사 업무를 하면 안 된다.

이 결과 탄생된 사내 창업이 구글렛(Googlettes)이며, 여기에서 나온 많은 아이디어가 구글의 주요 사업에서 핵심적인 위치를 차지

한다. 인터넷 인맥 쌓기 웹사이트 오르컷(Orkut)은 성공한 구글렛의 좋은 예이다.

미국 미네소타 주 세인트폴이 본거지인 다각화된 기술 업체 3M 또한 '직원에게 자유 시간을 주자'는 신조로 성공을 거뒀다. 전 CEO 윌리엄 맥나이트(William Mcknight)는 직원들이 직급에 상관없이 회사에서 마음껏 혁신적인 시도를 하도록 장려하는 정책을 도입한 공로를 널리 인정받고 있다.

직원의 혁신적인 기상을 북돋는 데 목표를 둔 3M의 정책 가운데 한 가지는 '15퍼센트 옵션'이다. 이는 업무 시간의 15퍼센트를 할애해서 직원들이 원하는 프로젝트를 자유롭게 진행하도록 허용하는 것이다. 관리자에게 보고할 의무도 없다. 자신의 프로젝트를 정당화할 필요도 없이 그저 원하는 활동을 하면 된다. 업무 시간에 자신이 고안한 발명 아이디어를 연구하려는 직원은 각 부서 관리자에게 자금을 신청할 수 있으며, 여기에서 통과되지 못하면 다시 사내 보조금을 신청하면 된다.

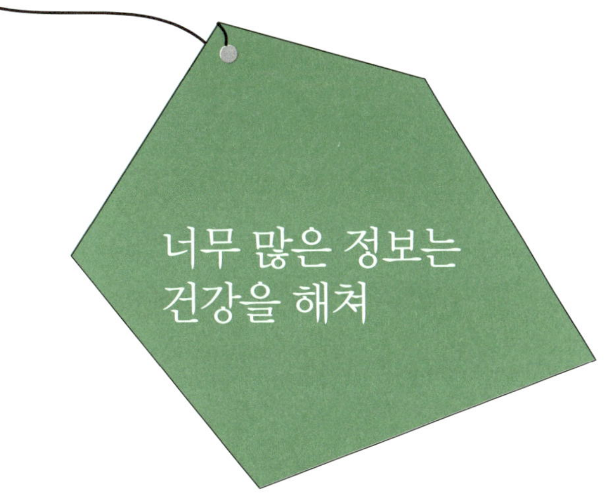

현대인들은 인터넷, 이메일, 휴대전화, 위성텔레비전 등 무수한 출처에서 쏟아진 정보가 전쟁터의 포화처럼 빗발치는 시대에 살고 있다. 주변에 늘 존재하는 정보 때문에 직장에서 업무 능력이 저하되고 집에서 편하게 쉴 자유를 빼앗긴다.

이 모든 것은 정보 과다로 생긴 현상이다. 걱정스럽게도 정보 과다는 직장에서 업무 능력을 저하시킴은 물론 건강도 해친다. 휴렛패커드가 실시한 조사 결과 사람들이 점점 이메일과 문자 메시지(블랙베리 사용자)에 중독되는 것으로 나타났다.

이런 사람들은 몇 가지 특성을 보인다. 먼저 집에서나 휴가 중에도 일 관련 메시지를 확인한다(62퍼센트). 또 이메일을 받으면 즉시 또는 최대한 빨리 답장을 보낸다(50퍼센트 이상). 그리고 회의 중에 이메일을 받으면 방해되더라도 즉시 답장을 보낸다(21퍼센트).

‘인포마니아(infomania)’는 뇌에도 부작용을 미친다. 이 때문에 사람들이 점점 지능이 떨어지고(또는 덜 영리해지고) 있다. 런던 대학 심리학자인 글렌 윌슨(Glenn Wilson) 박사가 정신의학협회에서 연구한 바에 따르면, 기술을 과도하게 사용하는 근로자는 지능이 떨어진다.

계속 들어오는 이메일과 전화로 정신이 분산되는 인포마니아를 대상으로 IQ 테스트를 한 결과 10점이 떨어졌다.

이는 마리화나를 피울 때 나타나는 부작용보다 두 배나 많은 수치이다. 여러분은 꼭 여덟 시간 동안 숙면해야 하는 스타일인가? 그렇다면 명심하기 바란다. 이메일이나 문자 메시지에 답하려고 일의 흐름이 자꾸 중단되면 밤에 숙면하지 못한 것과 비슷한 결과가 나타난다.

3

동료와 함께 일할 때
알아두면 좋은 것들

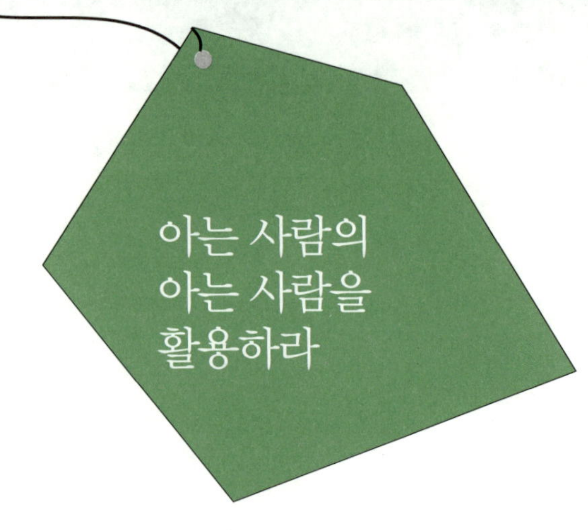

케빈 베이컨(Kevin Bacon)을 아는가? 맞다. 바로 영화배우 케빈 베이컨 말이다. 개인적으로 만난 적이 없더라도 그와 친분 있는 누군가를 알고 있을 가능성이 있다. 그렇지 않더라도 적어도 그를 아는 사람을, 아는 사람을, 아는 사람을, 아는 사람을, 아는 사람을 알 것이다.

이 개념을 '6단계 분리' 이론이라고 한다. 이 용어는 미국 극작가 존 궤어(John Guare)가 1990년에 같은 제목으로 쓴 희곡으로 유명해졌다. 이 연극은 다시 1993년에 윌 스미스(Will Smith)가 등장하는 영화(원제는 연극과 같으며 우리나라에서는 〈5번가의 폴 포이티어〉로 상영—옮긴이)로 각색됐다. 이 희곡의 한 등장인물은 미국 대통령과 베니스의 곤돌라 사공처럼 서로 생판 모르는 사이라도 다섯 사람만 거치면 어떻게 해서든지 연관이 있다는 철학적인 생각을 지니고 있다.

흔히 그렇듯, 이 개념의 창안자로도 여러 사람이 거론된다. 임의의 두 사람은 평균적으로 5.83명을 거치면 서로 연관돼 있다고 주장한 마르코니(Marconi)가 이 개념을 창안했다는 이들도 있다.

이후 1960년대에 하버드 대학의 사회심리학자 스탠리 밀그램(Stanley Milgram)은 무작위로 선정한 네브라스카 주 오마하 주민 여러 명에게 편지를 보내서, 보스턴에 사는 일정한 인물에게 편지를 다시 보내되 그 사람을 모른다면 그를 알 만한 지인에게 전달해달라고 부탁했다. 이 연구 결과 보스턴에 있는 사람에게 편지가 전달되기까지 평균적으로 여섯 명을 거쳤다.

궤어의 연극이 상연된 뒤에 6단계 이론은 인터넷과 '케빈 베이컨의 6단계' 라는 게임으로 대중화됐다. 혹시 모르는 독자를 위해서 사족을 붙이자면 케빈 베이컨은 할리우드에서 큰 성공을 거둔 배우로 유명한 〈불가사리〉를 비롯해 수많은 영화에 출연했다. 앞서 말한 게임 방법은 케빈 베이컨과 관계없을 것 같은 배우(또는 감독)를 시작으로 6단계(또는 7단계)를 거쳐서 케빈 베이컨과 다시 연계시킨다.

예를 들어 캐리 피셔가 케빈 베이컨과 어떻게 연결됐는지 알아보자. 캐리 피셔는 〈스타워즈〉에 해리슨 포드와 출연했고, 해리슨 포드는 〈도망자〉에 토미 리 존스와 출연했으며, 토미 리 존스는 〈베트맨 3-포에버〉에 발 킬머와 출연했고, 발 킬머는 〈히트〉에 로버트 드니로와 출연했다. 마지막으로 로버트 드니로는 〈슬리퍼스〉에 케빈 베이컨과 출연했다.

배우 에마 톰슨에서 시작한다고 해보자. 에마 톰슨은 영화 〈주니어)에 아놀드 슈왈제네거와 출연했고, 아놀드 슈왈제네거는 〈유치원에 간 사나이〉에 파멜라 리드와 출연했으며, 파멜라 리드는 〈필사의 도전〉에 에드 해리스와 출연했고, 에드 해리스는 〈아폴로 13〉에 케빈 베이컨과 출연했다.

한편 베이컨은 이 게임을 자선활동에 잘 연계시켰다. 그는 비영리 단체인 네트워크 포 굿과 AOL과 〈엔터테인먼트 위클리〉의 후원으로 2007년 1월에 인터넷 사이트 SixDegrees.org를 열고 사회 자선 사업을 전개하고 있다.

누구라도 여섯 사람을 거치다 보면 결국 케빈 베이컨과 연계된다는 이론이 여러분의 경력에 실질적인 도움을 주지는 못하겠지만, 이 개념은 이른바 '좁은 세상 현상(small world phenomenon)'을 잘 보여준다. 여러분이 아는 사람이 다른 사람을 알고 있음을 잘 활용하면 인맥을 넓히고 경력을 향상시키는 데 도움이 될 수 있다. 이제 여러분이 할 일은 이렇게 연계된 사람들이 누군지 파악하는 것이다.

어쩌면 바로 이 순간에는 여러분을 감시하지 않을 수도 있다. 그러나 여러분의 이메일을 읽거나 검색 경로를 추적하거나 전화통화를 엿들을 가능성이 있다. 심지어 근무시간은 물론 퇴근 후에도 GPS로 직원의 움직임을 추적하는 고용주도 있다. 믿기 어렵겠지만 예전부터 미국에서 일어나는 일이다.

각종 조사 결과를 보면 고용주들이 직원을 감시하는 일이 다반사로 일어난다. 예를 들어 한 설문조사에 따르면 고용주의 92퍼센트가 직원의 이메일을 확인하며, 76퍼센트가 인터넷 사용 내역을 감시하고, 22퍼센트가 전화통화를 녹음했다.

오늘날 다양한 전자감시 장치가 널리 보급돼 있다. 여기에는 스마트카드, 생체인식 데이터, 키보드나 인터넷이나 이메일로 사용 내역을 확인할 수 있는 컴퓨터, 전화 도청, 감시 카메라, 바코드 등이 있다. 게다가 약물 검사, 건강 진단, 유전자 검사도 쉽게 이용할 수 있다.

영국 노동조합회의(TUC)는 '감시 중단(Stop Snooping)' 보고서를 작성했다. 이 보고서는 미국에서 실시된 한 설문조사 결과를 담고 있는데, 이 내용에 따르면 감시당하는(또는 감시당한다는 사실을 깨달은) 직원은 그렇지 않은 직원에 비해 막대한 우울증과 피로와 직장에 대한 불만 때문에 고통을 받았다. 또 목뼈 통증에 시달리는 직원도 훨씬 많았다.

어쩌면 계속해서 고개를 돌려 뒤를 살피기 때문일 수도 있다.

회사에서 직원들은 늘 생수기와 복사기와 커피머신 근처에 모여서 한가하게 잡담하거나 험담을 늘어놓는다. 물론 중요한 아이디어나 정보도 교환한다. 그렇다면 무엇 때문에 사람들이 이런 장소에 모여드는지 생각해본 적이 있는가?

많은 회사들이 이 부분에 관심을 두었다. 창조성과 지식 공유가 기업 경쟁의 핵심인 시대를 맞아서, 사람들의 마음을 끄는 생수기의 마법을 찾아내 회사 전반에 적용하려고 노력한 것은 어쩌면 당연하다.

예를 들어 1980년대에 많은 회사들이 자발적인 상호교류를 장려하려고 오픈 플랜(다양한 용도를 위해 칸막이를 최소한으로 줄인 건축 평면-옮긴이)형 사무실을 도입했다. 훨씬 과감한 움직임을 보인 회사도 있었다. 예를 들어 스칸디나비아항공(SAS)은 본사의 일부를 거리처럼 꾸며놓고 각종 가게와 만남의 광장 등을 갖춰놓았다. 그러나 애초에 회사 측에서 원했던 대로 직원의 행동을 변화시키는 데 별다른 효과를 발휘하지 못했다.

격식을 차리지 않고 기업의 임원과 대화하기를 좋아하는 사람들에게 반가운 소식이 있다. 프랑스 국제 비즈니스 스쿨 INSEAD의 조교수 존 위크스(John Weeks)와 뉴욕 브루클린의 폴리테크닉 대학 조교수 앤 로레 파야드(Anne-Laure Fayard)는 생수기나 복사기 옆에서 보내는 시간을 재구성하는 연구를 했다. 이 내용은 고용 규칙을 다시 정립하는 데 도움을 준다. 두 학자는 복사실에서 직원들의 행동을 비디오로 찍어 관찰한 결과 정보와 아이디어를 격의 없이 교환하는 과정에서 나타나는 중요한 세 요소를 발견했다.

첫째, 사생활 보호이다. 예를 들어 방음된 장소는 사람들의 마음을 편하게 한다.

둘째, 친밀함이다. 즉 상호작용하면서 서로 교제할 기회를 갖는다. 누군가와 엘리베이터를 함께 타는 것과 이 사람과 함께 엘리베이터 안에 갇히는 것에는 차이가 있다는 뜻이다.

셋째, 사회적 의미로, 이는 해당 장소가 사람들에게 어떤 감정을 불러일으키느냐를 뜻한다. 조명이 밝고 간소하게 꾸며진 방에서는 대화의 꽃을 피우기 힘들다. 이 때문에 현대적 디자인의 술집들이 조명을 약하게 하고 편한 의자를 갖춰놓는 것이다.

생수기 옆에서처럼 화기애애한 순간을 만들려면 위의 세 요소가 모두 필요하다. SAS는 식당과 쇼핑상가, 운동 시설과 편한 가구를 배치한 모임장소가 모두 들어선 번화한 거리를 만들자는 독창적인 발상을 적용하려 했지만, 이 거리는 사생활 보호라는 첫째 요소가 결여됐다. 따라서 회사에서 멋진 거리를 조성한 뒤에도 직원들은 계속 개인적인 공간에서 모임을 했다. 이렇듯 생수기 옆에서 경험하는 화기애애한 순간의 신비한 힘을 포착하기는 어렵다.

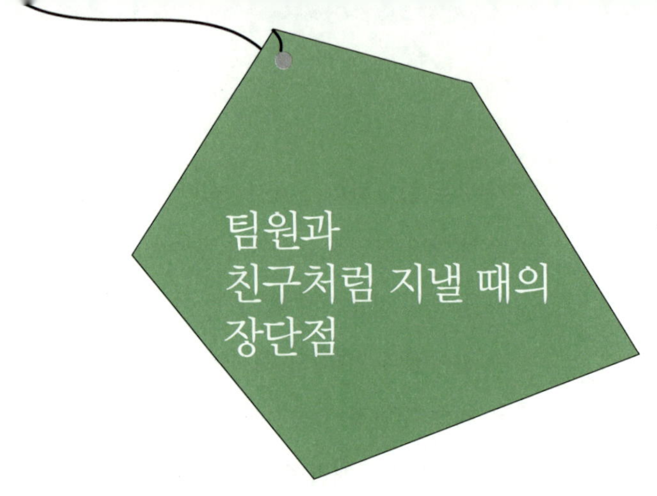

어떻게 보면 미식축구팀 관리는 사업계와 흥미로운 공통점이
있다. 단지 사람 관리를 말하는 게 아니다. 미식축구팀 감독은 아주
우수한 선수들로 이루어진 팀을 관리해야 한다. 선수들은 엄청난
연봉을 받으며 특별대우를 받는 데 익숙하다.

이런 면에서 고위 경영진 관리도 비슷하다. 이런 팀 관리에서
성공할 수 있는 핵심 요소는 지도자의 권위를 유지하면서 팀원들이
규칙을 지키고 명령과 팀 정신을 잘 따르게 하는 동시에, 팀원 개개
인의 필요사항을 잘 파악하는 능력(뒷받침과 이해와 칭찬을 조화롭게 하는
방법)이다.

예를 들어 맨체스터 유나이티드의 알렉스 퍼거슨(Alex Ferguson)
감독은 이 모든 일을 해내는 능력을 지녔다. 그는 선수들을 잘 돌보
고 뒷받침하며 기량을 발전시키는 한편, 자신의 권위를 분명히 유

지하며 팀을 결집시킬 때는 그 유명한 '퍼거슨 헤어드라이어(퍼거슨 감독의 별명. 화날 때 선수에게 얼굴을 바짝 들이대고 무섭게 호통 친다고 해서 붙음—옮긴이)'의 면모도 확실히 발휘한다.

팀원들에게 친구로 다가설 수 있느냐는 환경과 자신의 인격에 달려 있다. 한편 동료나 부하직원과 친구처럼 지내면 여러 장점이 있지만, 이 과정에서 각종 문제점이 발생하는 것도 무시할 수 없다.

친구와 일할 때의 이득

- **신뢰 향상** 친구 사이에서는 신뢰하는 분위기를 조성하기 수월하다. 또 친구끼리는 말한 내용을 실천하고 목표를 성공시키려 서로 돕는 경향이 있다.

- **낮은 불안감** 두려움에 처할 때 보호본능이 생기는 것은 자연스럽다. 일을 하면서 두려운 감정을 느끼면, 자신의 생각과 아이디어를 잘 표현하지 못한다. 그러나 친구 사이에서는 보복당할 걱정 없이 개방적인 자세로 자신의 아이디어나 우려를 자유롭게 표출하게 된다.

- **대화 채널 향상** 친구 사이에는 사물을 보는 견해를 이야기하고 솔직하게 대화하며 시간을 들여 서로 이해하려고 노력한다.

친구와 일할 때의 어려움

- **도전정신 결여** 친구 사이에서는 팀이 필요한 사항에 위배되더라도 개인이 원하는 부분에 더 중점을 두기 때문에 서로 요구하는 게 줄어든다.

- **수준 이하의 업무** 업무 실적이 수준 이하인 사람은 애초에 싹을 잘라야 하나, 특히 친구 사이에서는 실천하기 어렵다.
- **직원 해고** 관리자 입장에서 가장 어려운 일은 직원에게 회사에서 더는 필요하지 않은 존재라는 말을 하는 것이다. 친구 사이에서는 이런 말을 전달하는 어려움이 극대화된다.

우정으로 유발되는 긍정적인 면과 팀 운영자로서 감수해야 할 어려운 면을 잘 분리해서 처리할 수 있다면 문제가 없을 것이다. 그렇지만 솔직함과 믿음을 중요하게 생각하는 팀을 만들어서 우호적인 분위기를 육성하되 동료들과 조금 거리를 두는 것이 어려운 결정을 내려야 할 상황에 닥쳤을 때 이를 과감하게 실행하는 데 더 도움이 될 것이다.

직장에서 잔인한 약육강식 법칙을 몰아낼 수만 있다면 이상적인 분위기가 조성될 것이다. 그러나 사업계는 근본적으로 각종 시장원리에 따라 움직이는지라 지속적으로 관리하지 않으면 홉스가 말한 대로 직장이 '가장 강한 생존자가 주도권을 잡으며 따돌림이 판을 치는 비열하고 야비한 세상'으로 변한다.

안타깝게도 수많은 조사 결과에서 볼 수 있듯이 직장에 만연된 따돌림과 괴롭힘이 회사의 생산성과 업무 실적에 악영향을 미친다. 예를 들어 맨체스터과학기술 대학(UMIST)이 70개 기업에서 근로자 5,300명을 대상으로 실시한 조사 결과에 따르면, 응답자의 절반가량이 과거 5년 동안 직장 내 괴롭힘을 목격했다. 또 10명 중 1명은 최근 6개월 내에 괴롭힘을 당한 경험이 있다고 답했다.

기업이 교활한 직장 내 괴롭힘을 묵과하는 것은 전혀 용납될 수 없다. 직장에서 괴롭힘이나 따돌림을 당한다면, 이를 중단시킬 몇 가지 대책이 있다.

먼저 직장 내 분규처리 절차를 확인한 뒤 직속상사와 대화한다. 자신을 괴롭히는 사람이 바로 직속상사라면 그 상사의 상관에게 이야기한다. 이런 절차를 거치는 게 내키지 않겠지만, 대체로 기업은 문제가 법정으로까지 확산되는 걸 꺼려하기 때문에 여러분의 불평을 심각하게 받아들일 것이다.

그리고 여러분을 괴롭히는 사람이 하는 말에 신경 쓸 필요 없다. 이들이 늘어놓는 불만은 거의 자기 자신이나 지위에 대한 불안감 때문에 나온다. 따라서 이 점을 염두에 두면 마음이 조금 편해질 것이다.

괴롭힘 때문에 결근하면 안 된다. 이는 상대방의 손에서 놀아나는 일이며, 상관에게 문제를 제기할 때 여러분의 입지를 약하게 만들 수 있다. 상관에게 보고한 뒤에도 상황이 나아지지 않으면 고용재판소에 항의한다.

현재 영국에서 직장 내 괴롭힘이 큰 문제로 대두되고 있다. 놀랍게도 교사나 간호사, 사회복지사업이나 자원봉사같이 정작 다른 사람을 돌보는 분야에서 이 문제가 가장 폭넓게 나타나고 있다. 가장 큰 문제는 괴롭힘을 당한 당사자가 이를 숨기려 한다는 점이다. 괴롭힘이나 따돌림을 당한다면 용기를 내서 당당하게 밝혀야 한다.

최근에는 많은 사람들이 어렸을 때 따돌림당했던 경험을 솔직히 털어놓고 있다. 유명 가수 휘트니 휴스턴과 배우 미셸 파이퍼는

학교에서 외모 때문에 괴롭힘을 당한 적이 있었다. 배우 톰 크루즈
와 케빈 코스트너는 잦은 전학 때문에 따돌림을 당했다고 털어놓
았다.

일반인들은 CEO나 고위 경영자는 카리스마와 자신감이 넘치고 독단적이어서 의견을 분명하게 표명하거나 요점을 확실히 이해시킬 것이라고 생각한다. 그러나 꼭 그렇지는 않다. 카스 비즈니스 스쿨의 경영학자 폴 돕슨(Paul Dobson)은 동료 학자 로엘 어빈(Noelle Irvine), 아드리엔 로젠(Adrienne Rosen)과 지도자의 특성을 주제로 조사한 뒤 흥미로운 내용을 몇 가지 발견했다.

이 결과에 따르면 정력적인 활동 같은 천부적 품성을 지녔어도, 기업에서 최고 자리에 오르기 위해서 향상시켜야 할 점이 몇 가지 있었다. 이런 특성 가운데 향상시킬 여지가 많은 부분은 놀랍게도 자기주장이다. 기업에서 상당히 높은 자리에 있으면서도 자기주장에 어려움을 겪는 중역이 많다. 돕슨이 지적했듯이, 고위 경영진에 올라서도 어려운 상황이나 사람을 잘 다루지 못해 그저 회피했다가 나중에 문제를 더 심각하게 만드는 경우가 빈번하다.

세계적으로 유명한 병원인 메이오클리닉은 자기주장이 약한 사람은 대체로 건강 상태가 좋지 않다고 강조한다. 이 병원에서 주장하듯이, 수동적 행동은 다른 사람이 자신을 이용하는 빌미를 제공하며, 스스로의 욕구와 필요사항을 중요하게 여기지 않는다는 신호나 마찬가지다. 수동적 행동으로 평화가 유지된다고 생각할지 모르나, 평화를 유지하는 대가로 고혈압과 스트레스에서부터 수동적 공격 행동에 이르기까지 갖가지 증상을 겪게 된다.

메이오클리닉 웹사이트에는 자기주장을 강화하는 법이 소개돼 있다. 이에 따르면 자신의 대화 스타일을 정직하게 평가하고, 자기주장이 강한 단어를 사용하며, 할 말을 미리 연습하고, 자신의 신체언어를 기억해둬야 한다. 또 자신의 감정을 계속 검토하고, 사소한 주장을 관철하는 것부터 연습해야 한다. 더 자세하게 알고 싶으면 메이오클리닉 웹사이트 www.mayoclinic.com을 방문하라.

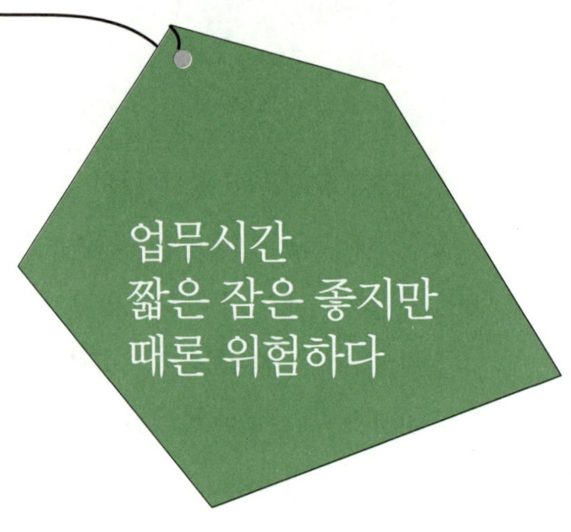

과거에 직장에서 잠자는 것은 해고당할 만한 일이었다. 많은 기업에서는 현재도 마찬가지다. 문제는 오후에 잠깐이라도 눈을 붙이고 싶은 충동을 물리치기 힘들다는 점이다. 오늘날 업무시간이 길어지며 연중무휴 업체가 늘어난다는 말은 직원들이 잠을 잘 시간이 그만큼 부족하다는 뜻이다. 직원이 피곤에 절어 있으면 손실이 생기기 마련이다.

2007년 1월에 〈직업 및 환경 의학 저널(Journal of Occupational and Environmental Medicine)〉에 실린 논문에 따르면, 피곤에 지친 직원의 건강 때문에 떨어진 생산성을 돈으로 따지면 고용주는 매년 1,364억 달러를 손해 보는 셈이다. 직원의 수면 부족과 피곤은 인도 유니언 카바이드 유독가스 누출, 엑손 발데스의 사상 최악의 기름 유출, 체르노빌 방사능 누출과 같이 커다란 재앙을 불러올 수 있다.

특히 기온이 높은 일부 국가에서는 오래전부터 시에스타(siesta, 점심시간 또는 오후의 낮잠)를 즐기는 것이 자연스러운 문화로 자리 잡았다. 스페인과 멕시코와 이탈리아는 한낮에 낮잠을 자는 대표적인 국가이다. 중국 같은 나라에서는 낮잠 시간을 법으로 보장하고 있다.

실제로 많은 의학연구를 통해서 오후 낮잠은 건강에 유익함이 증명되었다. 그리스에서 6년 동안 실시된 연구에 따르면, 일주일에 적어도 세 번씩 30분간 낮잠을 잔 사람은 심장 관련 질환으로 사망할 위험성이 37퍼센트나 낮다.

또 NASA의 연구 결과를 보면 잠깐 동안의 낮잠이 직원의 업무 결과를 34퍼센트까지 향상시킨다. 낮잠은 기억력을 향상시키는 등 두뇌작용에도 이득을 준다.

이 점은 토머스 에디슨, 윈스턴 처칠, 레오나르도 다빈치, 존 F. 케네디같이 역사상 뛰어난 인물들이 원기를 회복하는 낮잠을 즐겼던 이유를 설명해준다.

오늘날 일부 개화된 기업은 직원들에게 오후에 참을 수 없이 졸리면 잠깐 동안 낮잠을 자고 원기를 회복하라고 권장한다. 낮잠을 자는 구역을 따로 정해놓거나 졸음에 관대한 정책을 내놓는 기업도 있다.

그러나 여러분 회사가 업무 시간에 조는 것에 우호적인 입장을 표명하기 전까지는 장소와 때를 잘 가려야 한다. 그렇지 않으면 미국 컴캐스트의 어느 직원 같은 곤경에 처할지도 모른다. 이 직원은 물건을 팔려고 방문한 고객의 소파에서 조는 모습이 비디오에 찍히고 말았다. 이 비디오가 유튜브에 실리자 순식간에 조회 수가 22만 7,000회를 넘었다. 이 직원은 당연히 해고되었다.

IQ라는 말을 많이 들어봤을 것이다. 1990년대 초반에 프랑스 심리학자 알프레드 비네(Alfred Binet)가 창안한 검사법에서 시작된 IQ는 오래전부터 지능을 측정하는 기준이 돼왔다. 많은 고용주들이 입사 후보자를 평가할 때 IQ를 참고한다.

그렇지만 순서에서 빠진 숫자를 채워넣거나 이상한 모형을 찾아내는 데 솜씨가 없는 사람이라도 걱정할 필요가 없다. 일부 조사에 따르면 다행히 새로운 형태의 지능 검사법이 IQ 못지않게 중요하게 자리를 잡고 있다. 이는 바로 감성지능(EI)이다.

하버드 대학 출신 심리학자 다니엘 골먼(Daniel Goleman)은 베스트셀러 《감성지수》와 《사회지능》의 작가이다. 골먼은 "감성은 인간에게 원래 고정"돼 있으며, "두뇌 구조상 생각보다 감정이 우선"이라고 한다.

현실적으로 사고력과 감정을 완전히 분리하기는 불가능하다. 골먼은 "두 체계, 즉 감성 두뇌와 사고 두뇌가 함께 작용할 때만 효과적"이라고 한다. 또 그는 "살아가면서 하는 행동 대부분을 관장하는 이 작업 관계가 감성지능의 핵심"이라고 한다.

감성지능의 개념을 지지하는 사람들은 기업계에서 스타로 떠오른 인물과 그렇지 못한 사람을 구분하는 능력 가운데 3분의 2가 감성지능을 기반으로 한다는 연구 결과에 주목한다. 이 가운데 나머지 3분의 1만이 초보적 지능(IQ로 측정된)과 기술적 전문성과 관련돼 있다.

그렇다면 자신이 감성적으로 지적인지 어떻게 아는가? 책을 읽어보면 된다. 독서하면서 골먼이 말한 감성지능의 5대 영역인 자기 인식, 감정 조절, 다른 사람의 사기 진작, 공감 표시, 연계 맺기 능력을 파악해보자. 아니면 전문가를 찾아가 감성지능을 측정해도 좋다.

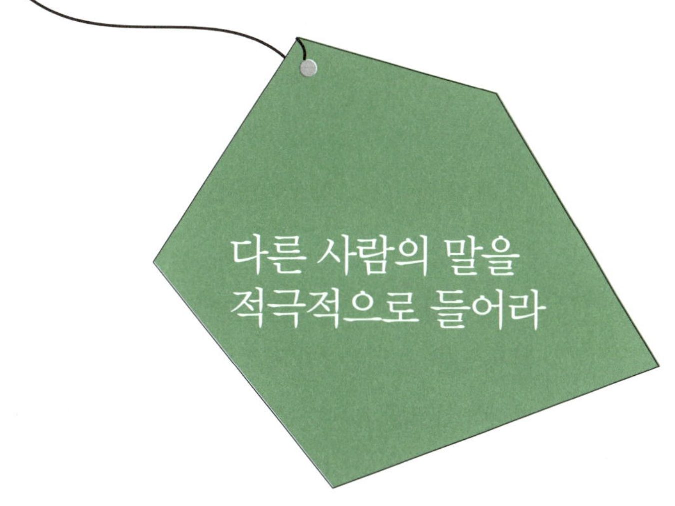

1854년 10월 25일 오후 2시 직후 발라클라바 전투에 참전한 영국군 정예부대 라이트 여단은 노스 계곡을 가로질러 진격한 뒤에 중무기로 무장한 러시아군을 습격했다. 이 전투에 참가한 병사 673명과 지휘관 중에서 상처 없이 살아온 사람은 100명도 안 됐다.

이 전투를 총지휘한 래글런 경은 전장에서 군대를 통솔한 경험이 한 번도 없었다. 영국군은 그 전날 러시아군에게 습격당해서 진지에 무기를 남겨놓고 퇴각한 상태였다. 래글런 경은 놀런 장군에게 영국군의 총을 옮기는 러시아 병사를 습격하라는 임무를 맡겼다. 명령문은 아래와 같았다.

"래글런 경은 기병대가 신속하게 전장으로 나아갈 것을 명한다. 적을 뒤쫓아 가서 이들이 우리 총을 가져가지 못하게 하라. 포병중대가 함께 갈 것이다. 프랑스 기병대는 너희 왼편에 있다. 즉시 출전하라.”

놀런의 임무는 이 명령을 루칸 경에게 전달하는 것이었다. 루칸에 따르면, 놀런은 ‘최고로 무례하지만 의미심장한 태도’로 집결한 러시아 대포를 향해 손짓하며, “루칸 경, 저기 적이 있습니다. 저기 우리 무기가 있습니다”라고 했다. 결국 루칸은 자기 자리에서 보이는 곳에 있는 무기 쪽으로 병사들을 이끌라고 카디건에게 지시했다. 바로 참호에 숨어 있던 러시아 포병대를 향해서 말이다.

이렇게 정보를 잘못 전달해서 오해가 일어난 상황에 빠져본 적이 있을 것이다. 다행히 위의 사례처럼 생명에 지장 있는 경우는 거의 없지만, 거래를 놓치거나 약속이 깨지거나 식사를 거르거나 불상사를 일으키게 된다.

교환되는 정보를 제대로 이해하는 기술은 열심히 듣는 것이다. 이렇게 되면 좀더 사려 깊게 대응할 수 있으며, 양측이 모두 상대방의 말에 열심히 귀를 기울이면 상호 이해도가 높아진다.

누구나 대화를 나누다가 주변에서 일어난 일 때문에 주의가 분산되거나 주제와 상관없는 몽상에 빠져본 경험이 있을 것이다. 대체로 대화할 때 다른 사람이 말한 내용에 관심을 기울이지 않고 자신이 의도한 답변만 들으려는 경향이 있다. 이는 늘 일어나는 일이다. 이제 사람들은 더는 상대방의 말을 경청하지 않는다.

적극적으로 듣는다는 말은 상대방이 말하는 내용에 정확히 초점을 맞추며, 말이 끝나면 상대방이 말한 내용을 여러분의 말로 반복해 말해서 정확하게 이해했는지 확인하는 것이다. 제대로 이해하지 못한 점이 나타나면 상대방이 다시 설명해줄 것이다.

물론 이런 과정이 짜증스러운 때도 있다. "소금 좀 주시겠어요?"라는 말에 누군가 "내가 제대로 이해한 게 맞다면, 댁의 음식에 소금을 뿌리고 싶으신가 보군요"라는 식으로 답한다면 말이다.

그러나 적극적인 듣기는 아주 유용해, 오해의 소지를 없애고 갈등 상황이 심화되는 것을 막아준다. 또 주어진 상황을 가능한 한 명백하게 이해하려고 노력하는 자세를 보여주는 것만으로 대립을 종결시킬 수 있다.

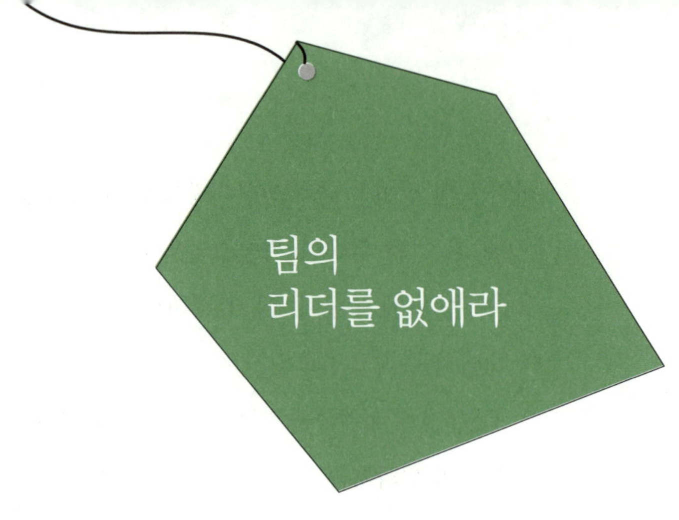

팀 리더가 여러분을 좌지우지하는 데 질렸는가? 여러분 팀의 구조를 근본적으로 새롭게 바꾸자고 제안해보는 건 어떤가? 아예 팀 리더를 없애는 것이다. 그리 황당한 제안도 아니다.

펜실베이니아 대학 와튼 비즈니스 스쿨의 캐서린 J. 클라인 (Katherine J. Klein) 교수는 볼티모어에 있는 정신충격센터 의료팀을 10개월 동안 연구했다. 이 연구 결과에 따르면 사람들은 지도자를 '개인으로서가 아니라 체계 또는 구조, 즉 전체 조직 또는 부서의 특성'과 동일하게 여기는 독특한 관점을 보였다.

다시 말하면 클라인은 정신충격센터의 경우 '시간대, 필요한 업무, 팀원의 기술과 지식에 따라 지도자의 역할이 매번 달라진다'는 점을 발견했다.

이곳에서 리더의 기능은 환경에 따라서 역할을 완수하는 다양한 사람들과 구분됐다. 또 클라인은 리더의 4대 핵심 기능을 규정했다. 이는 전략적 방향 제시, 팀의 업무 실적 감시, 팀원 지도, 필요할 때마다 도움 제공이다.

클라인의 연구 결과는 기업이 유능한 리더를 선택하는 데 중점을 두는 것보다 역할을 잘 확립하고 규칙을 제대로 정해서 지도자 자리를 맡을 인물을 뒷받침하는 체계를 갖추는 게 효율적이라는 점을 보여준다.

오스트레일리아 여자 하키 팀 하키루스는 지도자 역할을 공유하는 또 다른 예를 보여준다. 릭 찰스워스(Ric Charlesworth)는 이 팀의 경기 성적이 바닥을 기던 1993년에 코치로 선임됐다. 찰스워스는 팀의 기존 운영형태를 완전히 바꿔놓았다. 그는 전통적으로 팀의 사기를 진작하는 역할을 맡는 주장을 선정하는 대신 팀원 전체에게 지휘권을 배분했다. 주장과 부주장을 아예 없앤 것이다.

여기에는 팀원의 사기를 진작하기 위해서는 한 사람이 아니라 모두 참여해야 한다는 발상이 깔려 있었다. 이 방법은 효과가 있었다. 찰스워스는 1994~2000년 사이에 하키루스가 월드컵에 두 번 출전하고 올림픽 금메달 두 개를 비롯해 수많은 트로피를 거머쥐도록 이끌었다.

누구나 에드워드 데드우드(Edward Deadwood) 같은 사람을 알고 있을 것이다. 이런 사람은 여러분이 한 일을 가로채서 자신이 끝낸 척하고, 잔업을 맡지 않으려고 하며, 개인생활을 일보다 중요하게 여긴다.

주변에서 이런 사람을 접한 경험이 있다면, 사실 동일한 태도를 지닌 데드우드(Deadwood, 쓸모없거나 무용지물인 사람—옮긴이) 씨가 세상에 수없이 많다는 사실이 그리 놀랍지 않을 것이다.

인베스터스 인 피플이 실시한 조사에 따르면 응답자 가운데 경영진의 75퍼센트와 직원의 80퍼센트가 '무용지물'인 동료가 있다고 답했다. 대기업 조사에서 나온 수치는 더욱 충격적이다. 직원이 1,000명 이상인 여러 기업을 대상으로 설문조사를 실시한 결과 응답자의 84퍼센트가 동료의 업무 능력이 수준 이하라고 평가했다.

‘무용지물’인 직원은 동료들에게 엄청난 악영향을 준다. 동료들은 ‘무용지물’인 직원을 대신하려고 훨씬 오래 일해야 하며 점차 자신의 가치를 제대로 인정받지 못한다고 느끼게 된다. 이러다 보면 기업에서 능력 있는 직원이 사라지고 게으른 직원만 남는 위험한 결과가 발생한다.

여러분의 팀에 ‘무용지물’이 있다면, 이들의 문제점과 여러분에게 미치는 영향을 동료에게 이야기하는 것이 좋다. 여러분이 맡은 일에 방해되지 않는다면 해당 인물이 기량을 향상시킬 수 있게 도움을 주도록 노력해보자. 이는 동료와 회사는 물론 여러분 자신까지 돕는 일이다. ‘무용지물’이던 사람이 가치 있는 팀원으로 발전할 수 있기 때문이다.

물론 업무 능력이 수준 이하라고 해서 모두 ‘무용지물’은 아니다. 그저 해당 팀과 맞지 않는 사람일 수도 있다. 이는 스포츠 분야에서 자주 나타난다. 네덜란드 출신인 루드 반 니스텔루이(Ruud van Nistelrooy)는 2001년에 맨체스터 유나이티드로 이적한 뒤 몇 년 동안 놀라운 기록을 세우며 기염을 토했다. 그러나 2005/2006 시즌에서 저조한 기록을 보이자 일각에서는 그의 운이 다했다는 말이 나왔다. 그러나 다음 해에 레알 마드리드로 옮겨 25골을 넣었고 스페인 리그에서 팀이 승리하는 데 중추적 역할을 했다.

그렇지만 도움을 원하지 않으며 새로운 도전에 자극받지 못하는 사람도 있기 마련이다. 근본적으로 게으른(또는 더 심각할 수도 있다) 사람이라면 해고하는 게 현명하다. ‘무용지물’ 직원을 해고하면 단기적으로 기업에 손해이겠지만 장기적으로는 최선책이다.

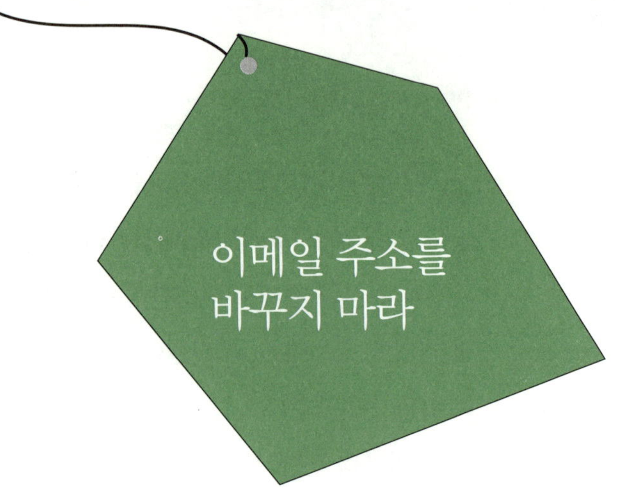

CEO 개인 코치이자 체인지-리더스 닷컴(Change-Leaders.com)의 CEO 마얀 볼메이여(Marjan Bolmeijer)에 따르면 인맥은 넓을수록 좋다. 여러분 생각보다 훨씬 넓어야 한다고 보면 된다.

그녀는 "직접 여러분에게 전화를 걸어올 만큼 개인적으로 친분 있는 중역을 수백 명쯤 알고 있어야 한다"고 말한다.

볼메이여의 경력을 살펴보면 그녀의 말이 설득력 있다. 그녀는 수년 동안 자신의 인맥 접근법을 연마했으며, 최근에는 인맥 쌓기 웹사이트와 온라인 커뮤니티로 인맥을 쌓고 있다. 볼메이여는 비즈니스 네트워크 웹사이트인 링크드인(LinkedIn) 애호가로, 이 웹사이트에서 일곱 번째로 넓은 인맥을 형성하고 있다. 그녀의 1단계 인맥은 1만 7,500명을 넘었으며 현재도 계속 늘어나고 있다. 그녀의 2단계 인맥은 130만 명이 넘는다.

그러나 이는 이그제큐티브 어드밴스 그룹의 경영자인 론 베이츠(Ron Bates)와 비교하면 비교적 작은 규모이다. 그는 세계에서 인맥이 가장 넓은 사람일 것이다. 베이츠는 링크드인 웹사이트에서 3만 2,340명(이 책이 출간될 즈음에는 훨씬 더 늘어날 것이다)의 인맥을 자랑한다. 베이츠는 이 많은 사람들과 정기적으로 전화통화를 하는 것으로 알려졌다.

많은 이들의 경우 인맥을 이 정도로 많이 형성하는 일은 능력 밖일 것이며, 이 인맥을 실질적으로 활용하는 사람도 극소수일 것이다. 그러나 볼메이여가 이 어마어마한 사람 수를 놓고 한 말은 설득력이 있다. 그녀는 "이 인맥의 수가 엄청나게 많다고 느껴지겠죠. 그렇지만 예를 들어 이전 직장을 그만두고 새 일자리를 찾을 때처럼 인맥이 절실하게 필요한 경우에는 오히려 이 정도도 적다고 여겨질 겁니다"라고 했다.

또 볼메이여는 인터넷 인맥을 활용하려는 사람들에게 유용한 조언을 몇 가지 한다. 그녀는 전화번호와 이메일 주소를 바꾸면 안 된다고 말한다. 또 항상 이름 옆에 이메일 주소를 기입하고, 프로필에 자신의 정보를 최대한 넣는다. 그리고 실수를 저지르지 않게 늘 조심하라고 주의를 준다. 그녀가 강조하듯, 안 좋은 이야기는 인맥을 통해서 재빨리 전파되기 때문이다.

일의 속성과 직장생활의 모순을 풍자하는 전통은 오래전부터 있었다. 1955년에 C. 로스코트 파킨슨(C. Northcote Pakinson)은 《파킨슨 법칙 : 진보의 추구(Pakinson's Law: The Pursuit of Progress)》에서 파킨슨 법칙을 제시했다. 이 법칙은 "주어진 시간만큼 업무량이 늘어난다"는 것이다. 파킨슨은 이후에 출간한 책 《규칙과 이익(The Law and the Profits)》에서 "지출은 수입에 따라 늘어난다"는 파킨슨 제2법칙을 발표했다.

캐나다 작가 로렌스 피터(Laurence Peter)는 1969년에 《피터의 원리》를 내놓았다. 피터는 이 책에서 승진 과정에 관한 견해를 펼친다. 책에 따르면 조직 관리자는 업무를 잘 수행할 수 없을 때까지 승진하다가 결국 무능력 단계에 이른다.

피터는 책에서 "여러분과 나를 포함한 모두에게 마지막 승진은

146

능력 있는 단계에서 무능력 단계로 옮겨가는 과정"이라고 강조했다. 또 그는 컨설턴트에 관해 신랄한 견해를 표명했다. "컨설턴트는 여러분의 시계를 빌려다가 몇 시라고 말해준 뒤 그 시계를 가지고 떠나는 사람"이라고 했다.

오늘날 기업의 진부함과 경영진의 거만함을 통쾌하게 날려버리는 해독제는 단연 딜버트(Dilbert)와 데이비드 브렌트(David Brent)이다. 딜버트는 미국 만화가 스콧 애덤스(Scott Adams)가 그린 직장 풍자만화 〈딜버트〉의 주인공이며, 데이비드 브렌트는 리키 제르바이스(Ricky Gervais)가 제작한 다큐멘터리 형식의 시트콤 〈오피스〉의 등장인물이다.

그렇지만 사실 직장에서 유머는 험난한 대우를 받아왔다. 1930년대와 1940년대에 미국 포드 자동차에서는 웃음을 징계해야 할 행위로 간주했다. 콧노래를 부르거나 휘파람을 부는 사람을 보면 인상을 썼다.

유명한 리버 루즈에서는 존 갈로(John Gallo)라는 직원이 과거에 '직원들과 웃는' 게 적발된 이후 '미소를 짓는 모습'이 다시 포착됐다는 이유로 해고를 당했다.

오늘날은 직장 내 유머에 관한 기업의 자세가 많이 바뀌었다. 2005년에 아이스크림 제조사인 벤 앤드 제리스는 월트 프리즈(Walt Freese)를 CEO, 즉 최고 행복 경영자(유머감각을 발휘해 Chief Executive Officer에서 Executive를 Euphoria(행복)로 바꿈—옮긴이)로 선임한다고 발표했다. 사우스웨스트 항공은 수십 년에 걸쳐 즐거운 기업 문화를 창조하는 데 놀라운 성공을 거뒀다.

　기업은 직장에 유머를 도입하는 일을 우습게 보면 안 된다. 조
직 심리학자이자 롱비치 캘리포니아 주립대학 경영학 교수인 데이
비드 아브라미스(David Abramis)의 연구에 따르면 직장에서 즐겁게
생활하는 사람들이 훨씬 높은 생산성을 발휘한다.

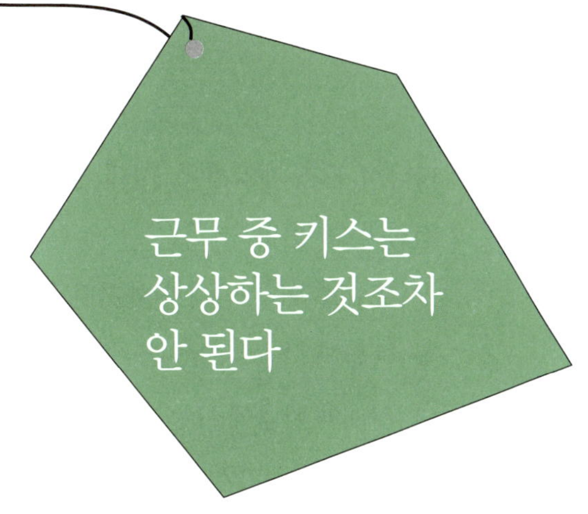

커피 자판기 앞에서 만난 직장 동료와 칸막이 안에서 포옹하고 은밀한 이메일을 몇 번 주고받다 보면 어느새 부적절한 연애에 빠져들게 된다. 그리 현명한 행동이 아님을 누구나 알지만, 직장에서 함께 보내는 많은 시간을 고려하면 우연찮게 큐피드의 화살에 맞는 것도 놀랄 일이 아니다.

아르피커싱 리쿠르트먼트 조사에 따르면 사무직 종사자의 20퍼센트가 회사에서 바람을 피운 적이 있으며, 15퍼센트가 직장에서 만난 사람을 좋아한다고 인정했고, 놀랍게도 3분의 2에 달하는 응답자가 과거에 직장 동료를 놓고 야한 상상을 해본 적이 있다고 했다.

경영자가 사내연애에 신경 쓰는 이유는 세 가지 가능성 때문이다. 바로 폭행, 결탁, 주의 산만이다. 이런 점 때문에 미국 기업을 따라서 고용 계약서에 '사내 연애 금지' 조항을 넣는 영국 기업이 점점 늘고 있다.

또 결혼이나 연애가 깨지면 성희롱으로 고소당할 우려도 무시할 수 없다. '사내 연애 금지' 같은 조항은 강력하게 실행하기 어렵다. 사내에 마음에 드는 사람도 있고 일자리도 잃고 싶지 않다면 어떻게 해야 하는가?

- 근무 시간에는 포옹이나 키스를 하지 않는다. 실제 행동은 물론 상상도 하면 안 된다는 뜻이다. 음란 이메일을 보내도 안 되며, 비품실에 숨어 애정행각을 벌이는 것이야말로 절대 금지이다.
- 함께 출장가면 안 된다. 2인용 방을 잡는 것도 당연히 안 된다. 이런 행동은 회사 돈으로 연애하는 것처럼 보일 수 있다.
- 곤란한 상황에 빠지지 않게 노력한다. 회사 정책을 명백히 위반하는 행동을 했다면 논쟁에 휘말리지 않게 주의한다. 사려 깊고 직업인답게 행동하면서 일자리를 보존한다.

최종 결정은 여러분에게 맡기겠다. 그건 그렇고, 여러분 책상이 정신없이 어질러졌고 산처럼 쌓인 서류를 정리할 의사가 없는가? 그렇다면 이런 상태를 유지할 그럴싸한 변명 거리가 있다. 앞서 말한 아르피커싱 리쿠르트먼트 조사에 따르면 영국 직장인 열 명 가운데 한 명은 사무실에서 성관계를 맺은 적이 있다고 밝혔다. 여러분 책상에서 이런 일이 절대로 벌어지지 않도록 하자.

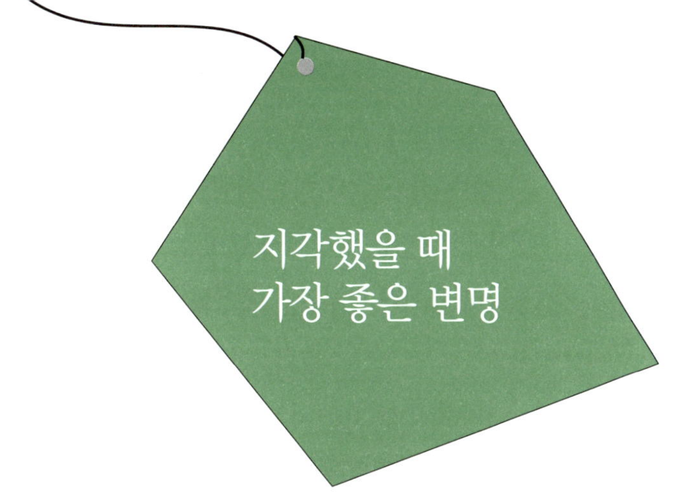

"바람이 어찌나 강한지 출근하느라 아주 고생했답니다", "위험한 사고가 일어났어요", "길 한복판에서 퓨마에 잡혔지 뭐예요." 이는 지각한 직원이 늘어놓는 변명 가운데 일부이다. 이렇게 기발한 변명을 생각하느라 기울이는 노력을 업무에 쏟으면 모르긴 해도 엄청난 성과가 나올 것이다.

소설 못지않게 잘 지어낸 변명 몇 가지를 들어본다.

"아침에 일어나서 비타민 두 알을 삼켰는데, 알고 보니 설사약이었지 뭐예요."

"여자 친구가 나랑 싸우고 나서 내 옷을 갈가리 찢어놨답니다."

"얼굴에 로션을 바르면서 너무 힘을 주었더니 코피가 터지더라고요."

상습적으로 지각하는 사람이라면 그동안 늦는 이유를 설명할 그럴 듯한 변명을 상사에게 많이 늘어놨을 것이다. 더는 변명 거리가 없거나 창의력이 부족한 독자를 위해 간단한 대응방법을 설명한다.

방법 1 너무 황당해 믿을 수밖에 없게!

이는 창의적인 사람에게 적당한 방법이다. 이 방법을 쓰려면 설득력이 아주 중요하다. 변명이 사실이거나, 여러분이 훌륭한 배우이거나 둘 중 하나여야 한다.

"평소처럼 아침 6시 15분에 일어났지요. 그런데 부장님이 지시한 보고서를 저장한 컴퓨터 메모리 스틱을 개가 삼켜버린 거예요. 출근하기 전에 보고서를 다시 쓰든지, 개가 대변을 볼 때까지 기다리든지 두 방법밖에 없었죠. 결국 보고서를 다시 쓰기로 했어요. 그래서 늦은 거랍니다."

방법 2 가차 없이 정직하게!

회사를 그만두기로 작정하고 다른 일자리를 알아보는 중일 때 사용할 만한 변명이다. 이 방법을 쓰면 상사가 여러분이 겪는 문제를 극복하도록 도움을 줄 가능성도 있지만, 대체로 경고를 받거나 심하면 해고당하기 십상이다. 효과를 볼 가능성이 있는 짤막한 재담을 몇 가지 소개한다.

"그저 오늘 아침에 기분이 아주 안 좋은데다 일이 정말 고리타분해요."

"부서원들 때문에 미칠 것 같아 늦게 출근했어요."

방법 3 약속을 동반한 정직!

이 방법을 쓰면 해고당할 걱정은 안 해도 될 것이다. 실수를 인정하고 같은 일이 다시는 발생하지 않을 것이라고 맹세한다.

"아침에 자명종이 안 울렸지 뭐예요. 다시는 이런 일이 없게 당장 새 시계를 사겠습니다."
"갈아탈 전철을 놓쳤습니다. 앞으로 좀더 여유 있게 나오겠습니다."

방법 4 너무 쇠약해 보여 야단치면 도리어 큰일 날 것 같은 인상 주기!

이 방법은 제대로 실행하기 힘들고 위험도 따른다. 어쨌거나 잠자리에 몇 분 더 머물겠다고 병원에 감금되는 상황에 빠지기는 싫을 것이다. 그렇지만 허공을 응시하면서 힘없이 말하면 효과를 볼 가능성도 있다.

"잠에서 깼을 때 일시적으로 귀가 안 들리더라고요."

위에 나열한 변명들로 어려움을 모면할 수 있다고 보는가? 커리어빌더 닷컴(Careerbuilder.com)이 실시한 설문조사 결과 인사 관련 전문가의 27퍼센트는 지각한 사람들이 늘어놓는 변명을 대부분 믿지 않는다. 속담에도 있듯이 "친구에게는 변명이 필요 없고, 적은 변명을 믿지 않는다"를 명심하자.

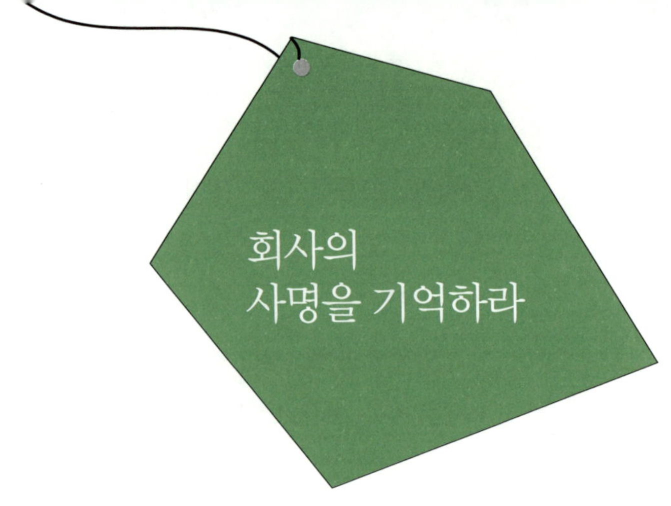

기업 사명 선언은 해당 조직의 목적 가운데 정수, 즉 존재 이유를 요약하고 있다. 이는 하나의 표어로 전 직원을 단결시키는 역할을 한다. 또 기업 외부를 향한 메시지로, 잠재적 소비자와 주주에게 해당 기업의 목적을 표방하는 역할도 한다. 그리고 이상적으로 보면 사명은 상표의 정신을 포착해서 이를 강화하고 널리 알려야 한다. 물론 이상적으로 봤을 때 말이다.

실제로는 장엄한 사명 선언을 글로 제대로 작성하기는 어렵다. 수년 동안 수많은 문장가들이 회사의 신조를 문장으로 가다듬는 일이 아주 힘들다는 것을 몸소 경험했다. 초기에 등장한 사명인 링링 브라더스 서커스(Ringling Brothers Circus)의 1900년대 사명을 예로 들어보자.

세상을 이롭게 하려면 인류는 행복해야 한다. 오락의 사명은 잠시라도 인간의 얼굴을 웃음으로 장식하며, 인간에게 묶인 의무의 사슬을 풀어버리고 스스로에게 더 어울리는 책무를 깨닫게 하는 것이다. 오락은 힘든 상황에서 인간의 마음을 자유롭게 하며, 쳇바퀴 돌듯 따분하고 단조로운 생활에 종다리의 기쁜 노랫소리가 울려 퍼지도록 바꿔준다….

이어서 많은 현대 기업들이 메시지를 간결한 형태로 담으려고 분투를 벌여왔다. IBM은 단어 수를 약간 줄였지만 여전히 길다.

"IBM은 컴퓨터 시스템, 소프트웨어, 저장 시스템, 극소 전자공학을 비롯해 IT업계에서 가장 고도의 정보기술을 개발하고 발전시키며 생산하는 선구자가 되기 위해 노력한다. 우리는 이런 고도의 기술을 전문적인 해결책과 서비스, 전 세계적인 컨설팅 사업을 통해서 고객이 사용할 수 있는 가치로 전환한다."

가장 일반적인 방법은 사명을 한 줄로 정리하는 것이다(주의 : 이는 광고 슬로건과 다르다). 이에 따라 여러 기업들이 가치관을 담은 사명을 내놓았다. 예를 들어 1950년대에 소니는 "세계적으로 낮게 평가받는 일본 제품의 이미지를 바꾸어놓는 기업이 되자"고 표방했다. 포드 모터 컴퍼니는 20세기 초반에 "포드는 자동차를 대중화할 것이다"라고 천명했다. 미네소타 주에 본사를 둔 3M은 혁신적인 기업 운영으로 잘 알려졌다. 이 회사는 미지의 분야를 개척하자는 뜻으로 "해결되지 않은 문제를 혁신적으로 풀자"는 사명을 내세웠다.

기업의 규모가 커질수록 혁신적인 모험가의 열정을 유지하기가 힘들어진다. 그렇기 때문에 일부 회사는 직원들끼리 소규모 팀을 만들어 각자 프로젝트를 진행하도록 장려하는 방식으로 기업 내에 혁신적인 분위기를 유지한다.

예산을 가로챈 뒤에 동료 몇 명과 회사 구석에 숨어 몇 달 동안 혁신적인 기획을 진행하며 활력 있게 보내고 싶은가? 이런 독자를 위해 독자적인 프로젝트 안을 상사에게 인정받는 데 필요한 정보를 제시한다.

제2차 세계대전 중에 미국 정보부는 독일이 제트전투기를 새로 개발했다는 정보를 입수했다. 어쩔 수 없이 이를 따라잡아야 했던 미군은 군수업체 록히드에 미국 공군용 제트전투기 개발을 의뢰했다.

록히드의 최고기술자 클레런스 L. '켈리' 존슨(Clarence L. 'Kelly' Johnson)은 180일 안에 견본을 개발하겠다고 약속했다. 이는 대단히 어려운 도전이었다.

존슨은 여러 부서에서 기술자 23명과 기계공 103명을 모았으며, 캘리포니아 버뱅크에 있는 록히드 공장에 작은 간이 조립 창고를 만들었다. 일주일에 6일 동안 10시간씩 일한 끝에 드디어 143일 후에 XP-80 제트기 시제품을 개발했다.

비밀실험실(Skunk Works. 국가나 기업이 비밀리에 과학 기술 프로젝트 진행―옮긴이)이라는 별칭은 록히드가 이 제트기를 개발할 때 처음 사용했다. 이 이름의 유례는 다양하다. 존슨에 따르면, 외부인이 조립 창고에서 하는 일을 물으면 'kickapoo juice(미국 인디언의 kiwika-pawa에서 나온 말로 '여기저기 옮겨 다니는' 생활패턴을 뜻함―옮긴이)'를 만드는 중이라고 얼버무렸다.

미국 만화가 알 캡(Al Capp)은 여기에서 아이디어를 발휘해 만화 〈리 애브너(Li'l Abner)〉에 남부 산골사람들이 독한 킥카푸 위스키를 밀주할 때 솥에 스컹크를 넣는 장면을 삽입했다. 이는 40년 넘게 신문에 연재된 코믹 만화이다.

이 회사의 비밀실험실은 경영 분야의 권위자이자 베스트셀러 작가 톰 피터스(Tom Peters)가 《초우량 기업의 조건》에 소개하면서 널리 알려졌으며, IBM과 애플을 비롯한 여러 기업에서 이 개념을 도입했다.

이후 비밀실험실 개념은 성공의 비밀을 밝히려는 목적으로 오랫동안 상세히 검토되고 분석되었다. 상사를 설득해서 자금과 장소를 지원받게 되면 주의를 기울여야 할 주요 사항이 있다. 팀이 프로젝트를 진행할 필수 역량을 지녔는지 확인하고, 계획을 다양하게 세우며, 진행 중인 임무에 초점을 맞추고, 회사의 전통적 신념에 집착하지 말아야 한다.

자, 그럼 혁신적인 작업을 잘 진행해서 좋은 성과를 얻기 바란다.

4

출세를 위해 해야 할 것과
하지 말아야 할 것들

상사가 여러분의 훌륭한 이력보다 번쩍거리는 장신구나 명품에 더 신경 쓰는가? 상사가 메모하면서도 거울에 비친 자신의 모습을 계속 바라보는 스타일인가? 이런 상사라면 사무실에서 여러분의 멋진 소지품을 보고 언짢아했듯이 회사 건물을 빠져나가면서 여러분의 멋진 자동차를 목격할 때도 아주 기분 나빠할 것이다.

요즘에는 자동차 업체에서 개인고객을 대상으로 조건이 좋은 각종 상품을 내놓아 마음만 먹으면 여러분의 망가진 자동차를 상사의 차에 멋지게 흙먼지를 일으킬 고급 중형차로 바꾸기가 수월하다. 그러나 자칫 잘못하면 새로 장만한 자동차의 다음 달 할부금을 내기도 전에 일자리를 잃기 십상이다.

논리적으로 따지면 상사의 중간급 BMW 옆에 최신 페라리를 주차한다고 해서 일자리를 잃는 것은 말이 안 된다. 수천만 원을 호가하는 에르메스 버킨 핸드백이나 수억 원짜리 벤틀리 뮬리너 투르비용 손목시계를 차고 다니는 경우도 마찬가지다. 적어도 논리적으로는 말이다. 그러나 현실적으로 이런 행동은 상사의 질투심을 유발하는 셈이다. 여기에 다음 행동까지 병행하면 상사는 여러분을 고용한 것을 후회할 것이다.

- **지각한다** 기다리는 것처럼 상사를 화나게 만드는 일도 없다. 이런 행동은 여러분의 시간을 상사의 시간보다 중요하게 여긴다는 인상을 준다.
- **약속을 어긴다** 여러분이 하기로 한 업무를 완료하지 않으면 상사의 일이 많아진다.
- **너무 자주 휴식한다** 담배를 피우거나 커피를 마시거나 화장실에 가는 등으로 계속 휴식하면 책상에서 업무를 보는 시간보다 밖으로 나도는 시간이 더 많은 것처럼 보인다.
- **책임감이 없다** 항상 책임을 전가하고 상사를 탓하는가?
- **사람들 앞에서 상사의 의견에 반기를 든다** 누구나 많은 사람들 앞에서 바보 취급당하는 것을 싫어한다.

여러분은 이런 잘못된 행동을 저지르지 않으니 안전하며, 그저 상사보다 좋은 차를 몬다는 사실만으로는 별 문제가 없을 것으로 생각하는가? 꼭 그렇게 확신할 수도 없다. 샌디에이고 카운티에 있는 비스타의 한 여직원이 전 직장 사장을 고소했다. 상사는 그녀의 차 범퍼에 붙은 '1360 에어 아메리카의 진보적 토크 라디오(1360 Air

America Progressive Talk Radio)' 스티커를 본 뒤에 그녀를 해고했다. 상사가 그녀를 해고하면서 든 이유는 "현재 미국은 최고 비상시국이에요. 그런데 내가 보기에 당신은 알카에다 조직원일 가능성도 있겠군요"였다.

조심하자. 일부 상사는 대단히 과민하다.

도를 지나치지 않는 선이 어디까지인지 모르겠는가? 이런 사람들을 위해서 〈왓카 2007(What Car 2007)〉은 중역들이 애용하는 자동차 순위를 매겼다.

1. 렉서스 IS

2. BMW 3시리즈

2. 재규어 S타입

4. 볼보 V70

5. 메르세데스 C클래스

5. 메르세데스 E클래스

5. MG 로버 75/ZT

8. 재규어 X타입

9. 아우디 A6

10. 아우디 A4

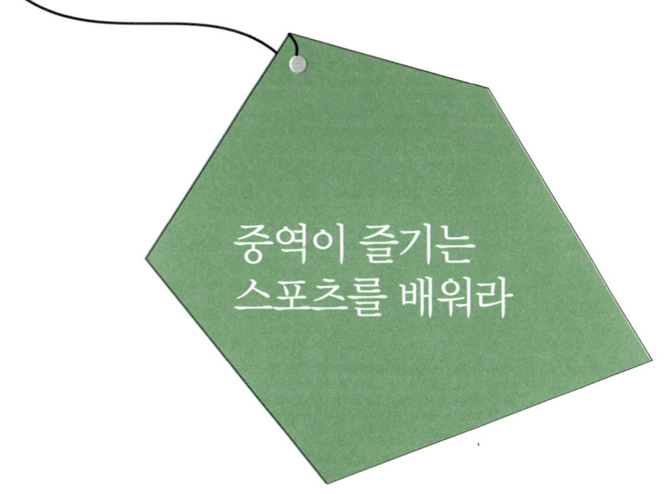

중역들이 가장 즐기는 스포츠는 골프이다. 수많은 회사들이 골프장 잔디에서 매매되었고, 막대한 돈을 벌어들였으며, 출세가도에 오르거나 파탄의 나락으로 떨어졌다.

이쯤 되면 골프와 사업은 도저히 뗄 수 없는 관계처럼 여겨질 정도이다. 골프장과 밀접한 관계가 있는 사업 분야 거물 몇 명을 소개한다.

금융 서비스 분야의 개척자 찰스 슈왑(Charles Schwab)은 어렸을 때 호두와 계란과 닭 장사를 했으며 골프장 캐디로 일했다. 한마디로 어린이 기업가라고 할 만했다. 억만장자 투자자 워렌 버핏(Warren Buffett)은 어렸을 때 골프공을 주워서 팔았다. 내셔널 캐시 레지스터스를 창립한 존 H. 패터슨(John H. Patterson)은 사유지에 직원들도 마음껏 이용할 수 있는 골프장을 건설했다.

초코바 시장의 거물인 밀턴 허시(Milton Hershey)는 골프장까지 갖춘 직원용 대규모 주거 단지를 조성했다. 펜실베이니아 주에 자리 잡은 이 마을에는 세계적 초콜릿 회사 허시 공장도 자리 잡고 있다. 직원과 마을 주민을 위한 복지시설로 시작했으나 현재 미국의 유명한 관광지로 발전했다. 허시는 이곳을 경쟁업체 이름을 따라 허시요코라고 부를 작정이었으나 미국 체신청(USPS)에서 승인하지 않자 허시 타운으로 바꿨다.

선 마이크로시스템 설립자 스콧 맥닐리(Scott McNealy)는 뛰어난 골프선수이다. 맥닐리는 대학 시절 골프 팀 주장이었으며, 〈골프 다이제스트〉가 2년에 한 번 선정하는 '포춘 500대 기업 CEO 골프 순위(현재 포춘 1000대 CEO로 바뀜)'에서 세 번 연속 1위를 차지했다. 현재 1위는 이글 글로벌 로지스틱스의 제임스 R. 크레인(James R. Crane)이다.

전설적인 거장 하워드 휴즈(Howard Hughes)는 골프를 치지 않았지만, 군용 정찰기 XF-11로 시험 비행하던 중에 기체 고장으로 로스앤젤레스 컨트리클럽에 비상착륙하려 한 적이 있다. 이 시도는 실패했으며 주변 베벌리힐스로 추락해 주택 몇 채를 들이받는 것으로 끝났다. 휴즈에게는 안타까운 일이었지만 골프장 잔디 관리자에게는 아주 다행스러운 일이었다.

〈골프 다이제스트〉는 순위 선정 외에 CEO를 대상으로 설문조사도 한다. 여러 설문조사 가운데 2006년에 시행한 조사 응답자의 38퍼센트가 규칙을 어긴 경험이 있다고 답했다. 또 응답자의 93퍼센트가 1년에 20번 이상, 57퍼센트가 30번 이상 골프를 쳤다. 아울러 71퍼센트가 골프를 치면서 만난 사람과 사업한 경험이 있었다.

한편 응답자 전원이 상사를 이기려는 부하직원을 본 적이 없다고 했다. 다행히 회사 순이익을 공표하는 것보다 어거스타 내셔널(Augusta National, 최고 명문 골프 클럽으로 꼽힘–옮긴이)에서 골프를 치는 것을 선호한다고 응답한 사람은 없었다.

상사의 취미를 함께 나누기 어려운 경우도 있다. 특히 지벨의 창업자 톰 지벨(Tom Siebel)이 직접 배를 몰아 항해를 떠날 때면 이 회사 중역들은 고역을 치른다. 그건 그렇고 톰 지벨이 가장 즐기는 취미가 무엇인지 아는가? 바로 올가미로 소 잡기이다.

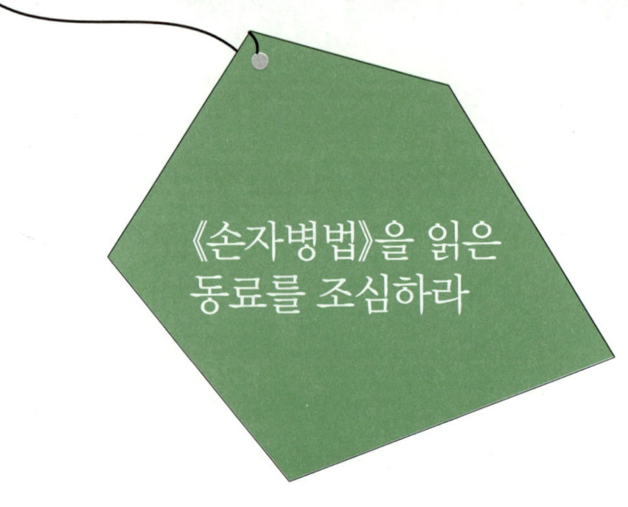

누구나 사업은 전쟁과 마찬가지임을 안다. 심하게 말하면, 피 튀기는 치열한 경쟁의 소용돌이에서 상대방을 파괴하려고 발악하는 과정인 셈이다.

과거에 말 그대로 전쟁처럼 사업을 한 적이 있었다. 예를 들어 독일 북부의 여러 도시가 상업상의 목적으로 결성한 한자동맹은 15세기 무역 조직으로 시작됐지만, 다양한 국가간의 해상 전쟁으로 끝을 맺었다. 마찬가지로 동인도회사는 로버트 클라이브 경(Sir Robert Clive)의 명령에 따라 영국의 무역독점권을 통해 인도에서 상업적 이익을 보려는 목적으로 설립됐지만, 프랑스와 분쟁이 일어나고 인도 국왕과 마찰을 빚으면서 문을 닫았다.

오늘날 중역은 2,500년 전에 저술된 《손자병법》에 나온 전략을 적용해 군사 철학과 사업을 잘 결합해서 사용한다. 이 책의 기원은 확실하지 않다. 혹자는 기원전 500년에 살았던 손무(孫武) 장군이 썼다고 주장한다.

어쨌든 전 세계적으로 많은 경영자들이 《손자병법》에 나온 조언을 신봉한다는 점만은 확실하다. 여기에는 "전략적으로 중요한 지점을 방어하게 인력을 배치하고, 준비 시에는 경계태세를 갖추며, 나태하지 마라. 실제 상황을 확실히 파악하고, 적의 기강이 해이해지기를 은밀히 기다려라. 적이 요새를 떠날 때를 기다렸다가 이들이 아끼는 대상을 포획하라"는 조언이 있다.

또 "싸우지 않고 적군을 정복하는 것이 최고 기술이다. 최선책은 상대방의 전략을 공격하는 것이다. 차선책은 적의 동맹군을 공격하는 것이다. 세 번째 방법은 적군을 공격하는 것이다. 마을을 공격하는 것은 최악의 방법이다"라는 구절도 있다.

영화 〈월 스트리트〉에서 악명 높은 금융가의 전형으로 등장하는 주인공 고든 게코(Gordon Gekko. 마이클 더글러스 분─옮긴이)는 《손자병법》 애호가였다. 그는 영화에서 "나는 다트 판에 화살을 던지는 짓 따위는 안 해. 확실한 것에만 내기를 걸지"라고 한다. 그가 남긴 "《손자병법》을 읽어보라고. 전투는 싸우기 전에 이미 승패가 판가름 나는 거야"라는 대사도 유명하다.

텔레비전 드라마 〈소프라노〉에 등장하는 주인공으로 탐욕스럽지만 인간적인 면을 보여주는 마피아 보스 토니 소프라노(Tony Soprano)도 《손자병법》을 따른다.

"자네가 이야기한 책을 읽고 있다네. 《손자병법》 말이야. 참 내, 중국 장군이 2,400년 전에 쓴 책이 현재 상황에도 들어맞다니… 내가 아는 친구들은 대부분 《군주론》을 읽더군. 그리고 전에 내 마누라한테 《클리프 노트》를 사오라고 해서 읽어봤거든. 그 책도 괜찮더군. 그래도 전략 면에서는 《손자병법》이 훨씬 낫더란 말이지."

그러니 여러분의 동료가 손때 묻은 《손자병법》을 읽고 있다면 조심하기 바란다. 특히 이럴 때 여러분의 요새를 비워야 한다면 각별한 주의를 기울이자.

기업에서 최정상에 올라 자리를 유지하려면 어떤 희생을 치러야 하는지 다들 잘 알고 있다. 확신이 없더라도 나름대로는 잘 알고 있다고 생각할 것이다. 여러분이 초보자라면 근면한 자세와 행운과 마키아벨리의 《군주론》과 회사 규정에 따라 석사 학위에 준하는 자격만 있으면 된다고 말할 것이다. 그렇지만 늘 모함을 일삼고 음모를 꾸미는 자들이 냉혹하게 정상을 움켜지기 마련 아닌가?

카스 비즈니스 스쿨에서 조직행동을 강의하는 폴 돕슨(Paul Dobson)이 동료인 노엘 어빈, 아드리엔 로젠과 최근에 연구한 내용은 다른 결과를 보여준다. 그저 착한(격렬한 야망과 엄청난 끈기 등 다른 특성도 덧붙여) 것도 직장에서 성공하는 전략이라는 것이다. 이는 기업의 숙명을 믿고 싶거나 마키아벨리와 메탈리카도 구분하지 못하는 사람들에게 희소식일 것이다.

이 연구는 17개 산업계에서 CEO 35명이 동료 약 210명을 이야기한 내용을 모아서 분석했다. 그 결과 지속적 성공을 이끌어내는 주요 요소가 밝혀졌으며 '대표이사 성공 예보장치'라는 앙케트가 나왔다.

진정으로 성공한 기업 경영자에게서 도드라지는 가장 중요한 특징은 대인관계 기술이다. 돕슨은 "응답자들은 성공한 기업가는 재미있고 함께 지내는 게 즐거우며 카리스마가 넘친다고 묘사한다"고 한다. "이들은 숙달된 대인관계 기술을 통해 시간이 지나면서 은행, 정부 인사, 고객, 경쟁사 같은 사업계 주요 주주와 인맥을 형성하고 유지한다"고 설명한다.

어쨌든 여기에서 가장 흥미로운 내용은 최고 지도자가 다른 사람들과 어떻게 관계를 유지하는지에 새로운 식견을 제시한다는 점이다. 돕슨은 "일부는 죽을 둥 살 둥 싸워야 최고 자리에 오를 수 있고 이 과정에서 온갖 중상모략이 필요하다고 생각하지만, 연구 결과는 이와 다르다"고 한다.

그는 "최고 자리에 올라 지위를 유지했던 성공한 지도자는 책략과 권모술수에 능한 마이카벨리주의자가 아니었다. 사람들은 조직에서 승진하는 법을 잘못 알고 있기 때문에 특정한 방식으로 행동하는 경향이 있다. 이 연구가 다른 사람을 믿고 협동하거나 술수를 부리지 않고 정직하면 안 된다는 등의 오해를 바로잡는 데 도움이 될 것이다. 또 성공으로 이끄는 요인에 관해서도 다시 생각하게 될 것이다"라고 말한다.

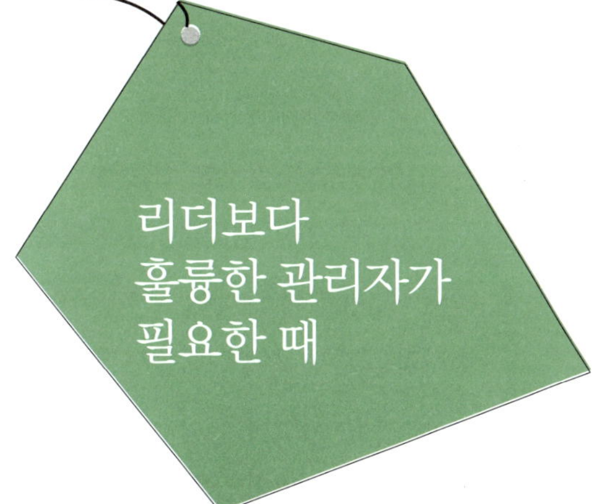

누가 단조롭고 따분한 관리자가 되고 싶겠는가? 최근 들어 '관리자'는 단조로운 행정 업무를 보거나 경력에 별로 도움이 안 된다는 의미로 전락해 입에 담기도 싫은 단어가 되었다. 사람들은 위세가 당당하고 영웅적이며, 수완 있고 흥미진진하며, 전환과 변화를 이끌어내는(설사 꼭 필요하지 않더라도) '리더'라는 개념을 훨씬 선호한다.

원래 관리(management)라는 단어는 프랑스어 'ménagement'에서 왔으며 이는 지도나 감독 기술이라는 뜻이다. 1920년대 경영 분야의 선구적인 이론가였던 파커 폴렛(Mary Parker Follett)은 관리는 '사람들을 움직여서 일을 처리하는 기술'이라고 정의했다. 또 이를 '조직의 자원을 계획하고 체계화하고 이끌고 통제해서 효율적이고 효과적인 방식으로 조직의 목표를 성취'하는 것이라고 설명했다.

관리 분야 연구는 최근에야 시작됐다. 비즈니스 스쿨이 생긴 지는 100년 조금 넘었다. 관리 이론은 앙리 파욜(Henri Fayol), 프레드릭 W. 테일러(Fredrick W. Taylor), 알프레드 슬로안(Alfred Sloan) 같은 사람들이 연구에 뛰어들면서 19세기 후반과 20세기 초반에 본격적으로 대두되었다.

그러나 리더십 이론의 역사는 훨씬 길다. 리더십 연구의 시초는 고대 사회로 거슬러 올라간다. 이때는 리더십을 지닌 운명을 타고난 사람을 구별하는 공통적 특성을 파악하려고 여러 로마 황제들의 삶을 분석했다. 그간 리더십 연구는 왕과 장군, 정치인과 종교 지도자에 초점이 맞춰져 있었으며, CEO 쪽으로 눈길을 돌린 것은 19세기와 20세기에 들어선 뒤부터이다.

이렇게 지난 몇 세기 동안 지도자로서 카리스마 넘치는 기업 CEO 개념이 각광받았지만, 요즘 들어 관리와 관리자의 역할이 다시 관심을 모으고 있다는 각종 신호가 보인다.

많은 조직이 계급제를 없애면서 평면화, 네트워크화로 바뀌고 있다. 이런 조직 형태에서는 지시하기보다 설득하고 영향력을 행사하고 확신을 주는 능력이 필요해질 것이다. 그러니 한발 나아가 훌륭한 관리자가 돼보자. 조직은 여러분을 필요로 한다.

열심히 일하고 회사의 자산이 되어 상사에게 노력과 가치를 인정받는 사람이 있다고 해보자. 곧 승진 제의가 들어올 것이고, 이 사람도 새로운 기회에 흔쾌히 응할 것이다. 이는 흔히 우리가 생각하는 상식적인 반응이다. 과연 실제로 사람들이 승진을 이렇게 반기기만 할까?

NBC의 설문조사 결과는 상당히 놀라운 사실을 보여준다. 응답자 3,500여 명 가운데 79퍼센트가 승진 제의가 들어오더라도 거절할 것이라고 했다. 다음은 승진 거절 이유로 많이 나온 다섯 가지이다.

- 27퍼센트는 더 많은 책임을 지기 싫다고 했다.
- 23퍼센트는 가족 의무를 거절 이유로 들었다.

- 17퍼센트는 사람을 관리하는 게 싫다고 했다.

- 9.7퍼센트는 현재 일이 마음에 들어 바꾸고 싶지 않다고 했다.

- 2.8퍼센트는 새로 맡은 일에 실패해서 승급하는 데 걸림돌이 될까 걱정된다고 했다.

과거에는 가족 전체가 이사하는 한이 있더라도 승진 기회를 반드시 잡았다. 승진 거절은 곧 경력의 종말을 뜻했다.

그렇지만 위의 통계가 보여주듯이, 오늘날 이런 생각은 이제 적용되지 않는다. 점점 많은 사람들이 일과 생활의 균형을 맞추는 데 중점을 두고 있어서 고용주도 승진을 거부하는 직원을 이해하는 추세이다.

그렇지만 승진을 거절했다가 경력에 중점을 두는 주변 사람의 존경심을 잃을 위험을 감수할 수 있겠는가? 승진을 거절할 때 가장 중요한 점은 그 결심을 내린 이유를 잘 알리는 것이다. 승진을 거절하면서도 계속 존경받을 세 단계 해결책을 소개한다.

1. 승진 대상자로 고려해준 데 대해 상사에게 감사한 뒤, 자신이나 회사 입장에서 승진하는 게 옳지 않은 이유를 말한다.

2. 여러분이 현 직위에 남아 있을 때 회사의 성공에 가장 많이 공헌할 수 있다고 말한다.

3. 상사가 여러분을 승진시키려고 한 생각이 옳음을 강조하되 승진을 받아들이지 않는 이유를 타협할 수 없게 다른 분야에서 도움을 제공한다.

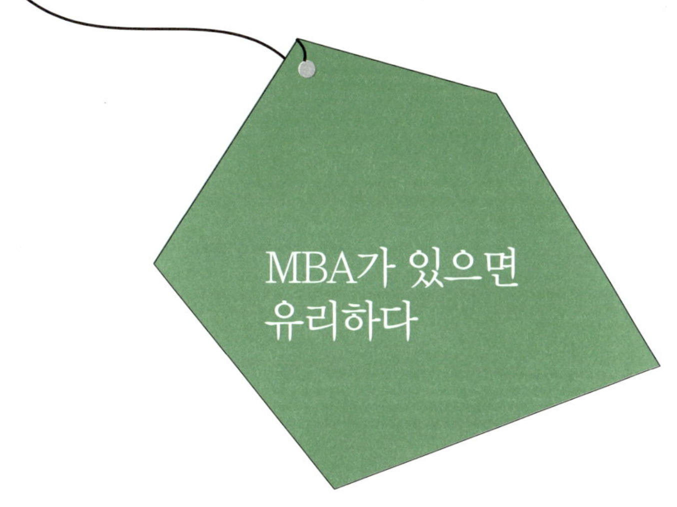

회사에서 높은 직급으로 올라가는 데 MBA(경영학 석사)가 꼭 필요한지에 대한 견해는 첨예하게 나뉜다. 그렇지만 MBA가 있으면 봉급 인상을 보장받는다는 데 의심의 여지가 없다. 일류 대학원에서 MBA를 취득한 경우에는 더욱 그렇다.

영국 MBA 협회(AMBA)에 따르면, 일류 비즈니스 스쿨에서 취득한 MBA는 기업채용 담당자에게 아주 높게 평가받으며 미래 수입에도 큰 영향을 미친다. AMBA가 2006년에 실시한 직업 조사에서는, MBA 취득 후 기본급이 20퍼센트쯤 인상되며 이후에도 기본급이 급격하게 올라가는데, 특히 3~5년 사이에 가장 많이 인상되는 것으로 나타났다. MBA 취득자의 평균 연봉은 보너스나 장려금 등 각종 보상을 제외했을 때 6만 5,000파운드 정도다.

20년 전에 비해 대학을 졸업한 취업 지망생들이 아주 많아진 오늘날 MBA는 후보자들을 확실히 구분 짓는 요소가 되었다. 2001년 4월에 〈포춘〉은 포춘 선정 200대 기업의 손꼽히는 CEO 가운데 석사, 박사 학위 소지자 비율을 실었다. 이에 따르면 MBA 79명, 공동학위(두 외국대학이 각 학위수여 규정과 부수 요건을 갖춘 학생에게 공동으로 수여)와 법학사 15명, 박사 12명, 의학박사 2명, 기타 석사가 18명이었다.

기업계 거물 가운데 MBA를 취득한 사람이 많다. 미국 1,000대 대기업을 경영하는 CEO 중 30퍼센트가 MBA 출신이다. MBA를 취득한 유명한 인물로는 시스코의 존 체임버스(John Chambers), 페더럴 익스프레스를 창업한 프레드 스미스(Fred Smith), 마이크로소프트 CEO 스티브 볼머(Steve Ballmer), 벤처 캐피털의 선구자 아서 록(Arthur Rock), 이베이의 CEO 멕 휘트먼(Meg Whitman), 나이키의 공동창업자 필 나이트(Phil Knight)를 들 수 있다.

물론 MBA가 없는 CEO도 아주 많다.

2006년 1월 1일에 노르웨이에 새 법이 시행됐다. 이에 따르면 노르웨이에서 상장회사는 전체 이사진 가운데 적어도 40퍼센트를 여성으로 선임해야 했다. 이 법령의 목적은 이사회와 고위 경영진(CEO, CFO, COO 등)에 여성 진입 가속화이다. 이는 비판을 많이 받았지만 현 사업계 상황을 보면 꼭 필요한 조처였다. 조직은 다양성을 옹호한다고 강조하지만, 통계에 따르면 고위 경영진으로 여성을 승진시키는 면에서는 그렇지 못함이 여실하기 때문이다.

2007년에 국제 기업여성지도자협회(CWDI)가 작성한 '〈포춘〉 선정 200대 국제 기업 내 여성 이사' 보고서에 따르면, 전 세계적으로 대기업 200곳의 고위직에서 여성은 11.2퍼센트였다. 그리고 여성 이사가 있는 기업 가운데 45.6퍼센트가 단지 한 명만이 여성 이사였다.

유럽 기업은 미국 기업보다 여성 이사 선임에 훨씬 뒤떨어진다. 여성 이사진 비율이 높은 기업 가운데 미국 기업이 18곳이었고 유럽 기업은 8곳이었다. 이 가운데 여성 이사가 가장 많은 두 곳은 네덜란드에 본사를 둔 로열 아홀드와 노르웨이의 스타토일이었다. 로열 아홀드는 이사 7명 중 4명, 스타토일은 이사 10명 중 5명이 여성이었다.

이런 상황은 직장에서 여성의 승진을 막는 보이지 않는 장벽을 깨자는 움직임이 저조한 아시아에서 더 심각하다. 〈포춘〉 선정 200대 국제 기업에 드는 일본 회사의 이사 총 389명 가운데 여성은 단지 5명이었다. 여성 이사가 아예 없는 기업 45곳 중에서 30곳이 아시아 기업이었다. 여기에는 아시아 기업인 도요타, 닛산 모터, 현대, 혼다와 유럽 대기업인 다임러크라이슬러, 피아트가 포함된다.

고위 경영진에 합류한 여성에게도 상황이 그리 좋지 않다. 영국의 알렉산더 하슬람(Alexander Haslam)과 미셸 라이언(Michelle Ryan)은 2003년 한 해 동안 '영국 FTSE 100대 기업의 실적과 해당 기업 내 여성 이사진 유무' 사이의 상호관계를 분석했다.

이에 따르면 실적이 저조한 기업이 여성 이사를 더 많이 선임하는 것으로 나타났다. 그렇지만 실적이 회복된 기업은 여성 이사를 덜 선임하는 경향이 있었다. 결과적으로 여성 이사는 대체로 회사가 어려운 시기에 선임되며, 저조한 실적이 여성 이사 탓으로 오인되는 부작용이 발생한다.

다시 말하면 하슬람과 라이언은 여성이 승진을 막는 보이지 않는 장벽을 깨더라도 고위직으로 올라가다 보면 다시 험난한 장벽에 맞닥뜨림을 보여준다.

앞서 말한 대로 노르웨이에서 여성 이사 의무화 법령을 시행한 뒤로 이사진의 다양화에 긍정적인 변화가 일어났다. 이 법령을 위반해 적발된 주식회사(PLC)는 520곳인데 이 가운데 55퍼센트가 현재 이사진 40퍼센트를 여성으로 선임하는 규정을 지키고 있다.

경영서적을 꼭 읽어야 하는가? 이 질문에 답하는 데는 몇 가지 방법이 있다. 스튜어트 크레이너(Stuart Crainer)의 《경영의 역사를 읽는다》를 보는 게 좋은 출발점이다. 이 책 한 권에 모든 최고 경영서의 내용이 아주 잘 요약돼 있는데 무엇 때문에 한 권씩 찾아서 읽겠는가?

오늘날 경영서적 시장 규모는 엄청나게 크다. 이 점은 근처 서점에서 경영서적 분야의 서가를 잠깐 훑어봐도 확인할 수 있다. 그러나 이는 오래된 일이 아니다. 현재처럼 경영관리 서적에 관심이 높아진 현상은 상당히 최근에 일어났다.

크레이너가 말한 대로, 경영서적을 유명하게 만든 책은 매킨지 앤드 컴퍼니의 두 컨설턴트 톰 피터스와 로버트 워터맨이 쓴 《초우량 기업의 조건》이다. 1982년 10월에 이 책이 나온 것은 경영서 출판계에서 획기적인 사건이었다. 두 작가는 첫해에 출판업자의 손을 전혀 빌리지 않고 독자를 대상으로 2만 5,000권을 직접 판매했다. 이후 출판사가 판매에 가담하여 600만 권 이상 팔았다.

크레이너의 책은 경영관리 분야 도서 가운데서 가장 중요한 작품들만을 모아놓았다. 따라서 초기 컴퓨터 발명가 찰스 배비지(Charls Babbage)가 쓴 조악한 책 《기계와 제조의 경제(On the Economy of Machinery & Manufactures)》(1832)에서 시작해, 프레드릭 W. 테일러(Frederick W. Taylor)의 경영관리 파시즘 사상이 담긴 《과학적 관리원칙(The Principles of Scientific Management)》(1911)을 지나, 제임스 콜린스(James Collins)와 제리 포라스(Jerry Porras)가 저술했으며 현대 사회에서 가장 권위 있는 필독서로 꼽히는 《성공하는 기업들의 8가지 습관(Built to Last)》(1994)에 이르는 내용을 총망라했다.

이 밖에도 필독서 목록을 추려내는 데는 경영관리 분야의 권위자 순위 파악도 좋은 방법이다. 예를 들어 선탑 미디어에서 내놓은 '50대 사상가'나 컨설턴트 업체 액센처가 내놓은 비슷한 순위 목록을 참고하면 된다. 그러고 나서 이 순위에 나온 권위자들이 집필한 책을 찾아서 읽는다.

또는 세계적으로 가장 유명한 경영서인 스콧 애덤스의 《딜버트의 법칙(The Dilbert Principle)》부터 읽는 것도 좋다(《딜버트의 법칙》은 가장 무능한 직원이 가장 손해를 덜 입힐 부문, 즉 경영 쪽으로 옮겨진다는 내용).

주변 사람들에게 역할 모델이 누구냐고 물어보면 다양한 답변을 듣게 된다. BBC 어린이 방송의 설문조사 결과 어린이들의 최고 역할 모델은 바트 심슨(만화 〈심슨가족〉에 나오는 악동—옮긴이)이었다. 유가브(YouGov)의 조사에서는 리처드 브랜슨(Richard Branson, 버진 그룹과 항공사 대표—옮긴이)이 경영 분야에서 제1의 역할 모델이었다. 한편 이소룡(Bruce Lee), 타이거 우즈(Tiger Woods), 제인 폰다(Jane Fonda)를 선택한 사람도 있으며, 이 밖에도 수많은 이름이 열거되었다. 일부는 에미넴(Eminem, 미국 힙합가수—옮긴이)을 역할 모델로 꼽기도 했는데, 그의 노래 '롤 모델' 가사에는 올바른 역할 모델의 행동과 정반대인 모든 악행이 담겨 있다.

그렇지만 '역할 모델 반대'에 중점을 두면 헷갈릴 수 있으니 역할 모델의 정의부터 짚고 넘어가보자. 역할 모델은 사람들이 동경

하고 교훈을 얻을 수 있으며 닮고 싶은 품성을 지니고 있다. 태어날 때부터 최고의 인생살이 방법을 아는 사람은 없다. 따라서 당연히 누군가의 지도가 필요하다. 훌륭한 역할 모델은 사람들이 더욱 위대한 일을 달성하려는 의욕을 유지하게 도와준다.

역할 모델은 여러 곳에서 찾을 수 있다. 어린이는 부모를 역할 모델로 생각하며, 살아가는 내내 이들의 모습에 영향을 받는다. 유명인사는 확실한 초점을 제시하고 목표 설정에 도움이 되기 때문에, 이런 유명인을 최고의 역할 모델로 보는 사람도 있다. 그러나 조심하기 바란다. 좋은 영향을 주는 반면에 부정적인 영향을 미치는 유명인도 많다.

함께 일하는 동료나 술집에서 만났던 사람이나 오래된 친구가 역할 모델이 되기도 한다. 주변 사람 하나하나가 지닌 최고 장점을 받아들이면, 이들은 훌륭한 통찰력을 제시하며 인생의 길잡이가 돼줄 것이다.

여러분의 역할 모델을 찾으려면 다음 질문에 답해보자.

- 여러분 삶의 여러 영역에서 역할 모델에게 도움을 받고 싶은 부분은 어디인가? 지도받고 싶은 부분을 확실히 파악할수록 여러분에게 맞는 역할 모델을 찾기가 더 쉬워진다.
- 여러 친구 집단 중에서 훌륭한 역할 모델이 될 만한 사람이 있는가? 친구의 인맥까지 고려해서 여러분에게 가장 도움이 될 만한 사람을 정한다.
- 선택한 사람이 실제로 여러분에게 최적인가? 여러분의 역할 모델

이 최고로 본받을 만한 인물인지를 정기적으로 검토해본다. 시간이 지나면서 여러분이 이들보다 훨씬 성장할 수도 있다.

전 NBA 농구 스타 케빈 존슨(Kevin Johnson)은 다음과 같은 말을 한 적이 있다. "내 역할 모델은 할아버지이다. 할아버지는 지위를 막론하고 모든 사람들은 다른 이들을 도울 의무가 있다는 점을 깨닫게 해줬다."

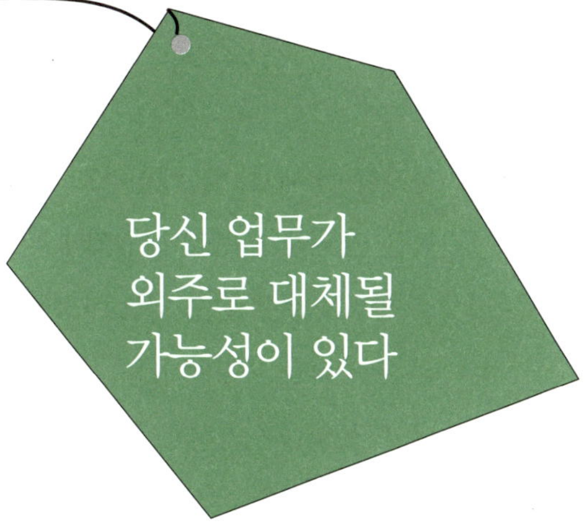

2006년 9월에 세계적으로 유명한 패션 업체 버버리는 웨일스 주 트레오키에 자리 잡은 의류공장을 폐쇄하자는 제안을 심의하고 있다고 했다. 버버리는 이 공장을 계속 가동하는 것이 이윤 면에서 전망이 없다고 했다. 결국 수많은 반대에도 공장이 폐쇄됐으며 모든 작업이 중국 현지 공장으로 넘어갔다.

버버리의 예는 아웃소싱(outsourcing)이나 오프쇼어링(offshoring, 생산비 절감을 위해 생산기지를 해외로 옮김)이 사람들의 삶에 미치는 영향을 단적으로 보여준다. 외부에서 처리할 수 있는 업무는 언젠가 외주하게 돼 있다. 많은 사람이 희생을 치르며 깨달았듯이, 오늘날 우리는 세계화된 경제 구조에서 살아가고 일한다.

현대 기업은 가치사슬(value chain, 원자재부터 완제품 판매에 이르기까지 기업 활동에서 부가가치가 생성되는 과정)에서 거의 모든 단계의 인력과

물자를 전 세계 어디에서라도 쉽게 공급받을 수 있다. 봉급이 훨씬 적은 인도의 콜 센터 직원에게 영국 직원과 같거나 나은 고객서비스 실적을 끌어낼 수 있는 마당에 굳이 봉급을 많이 주면서 슬라우의 콜 센터를 운영할 이유는 없지 않은가?

아웃소싱은 새로운 개념이 아니다. 이는 제조업에서 시작되어 경영, IT 서비스와 비즈니스 프로세스와 인사부문을 거쳐 기업의 다양한 분야로 확장됐으며, 수십억 달러에 달하는 엄청난 규모의 시장이다. 그렇지만 일반적인 생각과 달리 영국 같은 서양 경제 구조에서는 사는 것보다 파는 아웃소싱을 더 많이 하고 있다.

임금 격차가 더 커져서 아웃소싱의 주요 장점이 사라질 날이 올 수도 있다. 그때까지는 해외로 옮겨지는 업무의 양이 많아지고 활동 영역이 계속 넓어질 것이다. 기업이 서비스의 질과 비용 등의 요소를 감안하면서 최고의 서비스 공급을 계속 지향하는 과정에서 아웃소싱 지역도 이동될 것이다.

아웃소싱은 전 분야의 근로자를 위협하고 있다. 여기에는 의료 분야까지 포함된다. 인도의 방갈로르나 중국의 상하이에서 찍은 엑스레이를 영국에서 간단히 진단할 수 있는 것처럼, 적어도 이론상으로 현대 원격회의 기술을 이용하면 제한적이지만 멀리 떨어진 곳에서도 진찰받을 수 있다.

그렇지만 업무가 아웃소싱될 위험이 비교적 적은 직업도 있다. 예를 들어 머리를 자르거나 집을 지을 때는 해당 기술자가 현장에 있어야 한다. 이렇게 실제로 고객 옆에 있어야 일이 되는 직업은 적어도 당분간 아웃소싱으로 전환될 위협 때문에 걱정할 필요가 없다.

버스터 마틴(Buster Martin)은 10대이던 1916년에 브릭스턴 시장에서 잔심부름하는 일자리를 처음으로 얻었다. 이후 육군과 해군 복무를 포함해서 수많은 직업을 거쳤다. 현재 그는 100세라는 고령임에도 여전히 런던의 한 배관 회사에서 트럭을 세차하는 일을 하고 있다.

여러분이 운이 좋아 100세까지 일할 수 있다면 아주 다양한 직업을 경험할 가능성이 높다. 오늘날 같은 직장에서 30년 동안 일하겠다고 작정하고 사회에 진출하는 사람은 드물다.

2000년 미국 노동통계국(BLS) 조사에 따르면, 미국 근로자는 20년 동안 평균적으로 직장을 아홉 곳 옮기며 이 수가 점차 증가하는 것으로 나타났다. 따라서 현재의 고용주와 언젠가 헤어질 가능성이 높다는 말이다. 그렇다면 현명하게 작별을 고하는 방법은 무엇인가?

인력 시장이 아주 유동적이고 많은 사람들이 이직을 밥 먹듯 하는 현재 상황에서는 올바른 태도로 퇴직하는 게 아주 중요하다. 원만하게 퇴직하면 남은 동료들이 상황에 적응하는 데 도움이 된다. 그리고 언젠가 다른 회사에서 이들과 다시 만날 가능성이 다분하다는 점에서 의도하지 않게 여러분 평판에 먹칠이 되는 것도 예방할 수 있다.

전문가들은 다음 사항을 제안한다.

- **통보** 회사에는 일정한 기간 전에 사직 의사를 밝혀야 한다는 규정이 있다. 이 기간을 최소한도로 지켜야 한다. 보통 2~4주 전에 통보하면 된다.
- **책임** 사직하기로 했더라도 마지막까지 업무와 책임 사항에 집중해야 하며, 주요 사항은 퇴직 전에 해결하도록 노력한다.
- **교육** 후임자 교육을 담당하며, 인수인계가 원활하게 이루어지게 고용주를 돕는다.
- **혜택** 사용하지 않은 휴가나 연금 등을 포함해서 여러분이 챙겨야 할 복지혜택을 파악한다.
- **비밀 유지** 사직 이유가 무엇이든 함부로 발설하지 않는다.
- **연락** 관련 업계의 거물급들과 계속 연락을 유지한다.
- **감사** 동료와 상관에게 감사하다는 말을 남긴다.

물론 한 회사에서 30년 동안 근무하는 게 자신의 적성에 맞는 사람도 있을 것이다. 그렇더라도 앞서 말한 버스터와는 경쟁이 안 될 것이다. 그의 놀라운 직장 경력을 따라잡자면 30년 동안 세 회사에서 일해야 하니 말이다.

앞서 말한 대로 관리자가 부흥하고 있지만, 여전히 많은 기업이 리더십 기술에 엄청난 관심을 쏟고 있다. 현재 CEO 열풍이 성행하고 있다. 또 모든 비즈니스 스쿨은 '미래 MBA들에게 리더십 기술을 양성하려고 노력한다' 는 점을 강조한다. 해마다 위대하고, 유능하며, 과묵한데다, 미래를 내다보는 리더가 되는 방법을 다룬 책 수천 권이 출간되고 있다.

출세하고 싶으면, 상사와 이야기할 때 리더십 분야 권위자의 이름이나 주요 용어를 거론할 수 있게 최신 리더십 이론을 파악해두는 게 좋다.

최근 리더십 이론에는 워렌 베니스(Warren Bennis)의 '리더십의 시련', 짐 콜린스의 '5단계 리더십', 롭 거피(Rob Goffee)와 가레스 존스(Gareth Jones)의 '진정한 리더십', 김위찬(W. Chan Kim)과 르네

마보안(Renee Mauborgne)의 '티핑포인트 리더십'이 있다.

각 이론은 저마다 설득력이 있다. '5단계 리더십'에서 말하는 리더는 무욕과 겸손과 강철 같은 의지가 융합된 인물로 전형적으로 '조용한 리더'상을 보여준다. 이는 조직 전환에 주로 참여하며 실제보다 부풀어진 인물상과는 거리가 멀다.

'진정한 리더십'은 이미 지닌 특성을 최대로 활용하는 위대한 리더를 말한다. 이들은 스스로 약점을 파악하고 있으며 자신의 강점을 이용한다. 이들이 효과를 발휘하려면 다른 사람이 인식할 수 있게 이런 특성이 분명히 드러나야 한다.

'리더십의 시련'에서 시련은 '완전히 전환되는 사건이나 시험대로, 반드시 통과해야 하며 배우고 성장하고 지도하려는 목적을 가지는 것'을 말한다. 따라서 리더는 기업에 닥친 위험한 기로 등의 중대한 사건을 통해서 발전한다. '티핑포인트 리더십'은 4대 요소를 기반으로 만들어진다. 4대 요소는 인식력(의사소통을 잘하고 상황을 잘 통제하는 관리자는 문제점을 잘 파악함), 정치(내부 적을 조용히 유지하고 외부 적을 고립시킴), 자원(처음부터 문제 있는 부분에 집중), 동기유발(전달하려는 메시지를 조직 내 다양한 계층에 연결)이다.

이 밖에도 거론할(또한 연구하거나 시간을 투자할) 가치가 있는 리더십 용어와 인물이 많다. 구체적으로 나열하면 '위인과 특성 이론', '전환과 교류 리더십', 메러디스 벨빈(Meredith Belbin)과 '팀 리더십', 짐 쿠즈스(Jim Kouzes)와 베리 포스너(Barry Posner)와 '변화의 촉매가 되는 리더'가 있다. 또 피터 센게(Peter Senge)와 '전략 공상가로서 리더', 라케시 쿠라나(Rakesh Khurana)와 '카리스마가 넘치는

CEO 무분별한 탐구', 마이클 매코비(Michael Maccoby)와 '자아도취에 빠진 리더십과 추종자와 리더 사이의 결속력' 도 관심을 가질 만하다.

이런 이론을 실천하기는 어렵다. 또 리더십을 보는 견해가 다양하다는 점을 고려하면, 이를 모두 동시에 행동으로 옮기기는 불가능할 것이다. 물론 한 주에 한 가지 이론을 적용하는 방법을 쓸 수는 있다. 그러나 이런 방법으로는 진정한 리더십을 행사할 수 없다.

요즘에는 직위와 보안 등급에 상관없이 여러분의 컴퓨터에 침입해서 비밀번호를 알아낸 뒤 정보나 돈을 훔쳐 바하마 섬으로 도망갈 기회를 노리는 사람이 도처에 도사리고 있다.

여러분이 중요한 사안을 다루지 않는다고 해서 자신의 정보가 안전하리라고 장담하면 안 된다. 사이버아크 소프트웨어 조사에 따르면 IT 업계 종사자 가운데 3분의 1이 회사 컴퓨터 시스템에 침입해서 개인 파일, 급료 자료, 동료의 개인 이메일 같은 각종 기밀 정보를 엿본 경험이 있다고 한다.

오늘날 같은 정보화 사회에서는 이 밖에도 방향감각을 상실하기 십상인 일이 다반사이다. 이메일 박스는 거의 매일 정체 모를 사람들이 보내온 메일로 넘쳐난다. 이 중에는 지리 시간에 한 번도 들어본 적이 없는 기이한 나라 이름을 대며 그 왕국의 왕자라고 하는 사람이 보인 메일이 꼭 끼어 있다. 이런 '왕자'는 자신의 불행한 신세를 한탄하고 나서는 수백만 파운드를 조성하는 일을 도와달라고 부탁한다.

이 '왕자'가 말한 대로 따르는 것은 정체 모를 나라에 깊이 숨어 있는 사이버 범죄자에게 여러분의 은행 정보를 넘기는 셈이다(주변에 이런 사기를 당한 사람이 분명히 있을 것이다).

인터넷에서 여러분을 속여 개인 정보를 넘기게 만드는 교활한 방법을 피싱(phishing)이라고 한다. 독자 대부분이 피싱의 존재와 부작용을 알 것이다. 그런데도 여전히 사기를 당하는 사람이 꼭 나온다.

개인만 이런 사기에 넘어가는 게 아니다. 회사도 범죄자의 목표가 되고 있다. 로열 앤드 선 어라이언스(R&SA)와 영국 경제경영연구센터(CEBR)가 최근에 한 조사에 따르면 2020년이 되면 영국 기업이 신분위장절도(신용카드나 컴퓨터 ID 등을 훔쳐 물건 구입—옮긴이)로 보는 손해가 7억 파운드에 달할 것으로 보인다. 개인 신분위장절도와 마찬가지로 기업을 상대로 하는 사이버 범죄자들도 정보를 훔친 뒤 은행 계좌에서 마음대로 출금해 신용 한도액까지 털어간다.

범죄자들이 영국 기업등록소(Companies House)에 접속해서 기업의 사업자 등록 사항을 변경한 뒤 그 회사 명의로 범죄를 저지르는 신용사기 사건까지 발생하는 상황이니 기업 측은 과거 어느 때보다 보안을 강화해야 한다. 따라서 신입사원의 신용을 철저히 조회하고 모든 서류를 절단한 뒤 폐기해야 하며 컴퓨터 암호를 잘 관리해야 한다. 또 피셔(phisher, 합법적인 웹사이트로 가장해 가짜 이메일이나 광고를 보내 계좌 비밀번호나 신용카드 번호 등의 개인정보를 빼내는 허위 웹사이트-옮긴이)로 악용되는 사태를 예방하도록 다양한 인터넷 도메인을 확보해야 한다. 그리고 기업등록소에 사업자 등록 세부사항 변경 요청이 들어오면 이 사실을 회사에 통보하는 서비스에도 가입해야 한다.

안타까운 현실이지만 기업들이 방화벽과 이메일 필터를 설치하거나 각종 보안 대책을 마련하지도 못한 상태에서, 피셔는 상상도 못했던 새로운 범죄 스미싱(smishing, 휴대전화의 텍스트 메시지인 SMS와 피싱의 합성어-옮긴이)을 만들어내고 있다. 스미싱은 휴대전화의 텍스트 메시지를 통해 바이러스를 주입시켜 개인정보를 빼내거나 다른 휴대전화로 바이러스를 확산시키는 새로운 해킹 기법이다.

따라서 여러분이 한 인터넷 쇼핑 사이트에 회원으로 가입됐으며 해당 사이트에 방문하지 않으면 일주일에 10파운드를 내야 한다는 문자가 오더라도 그냥 무시하는 게 상책이다.

규칙이 생기면 오용되기 마련이다. 사업경비도 예외는 아니다. 업무와 상관없는 비용을 청구했다가 평판에 오점이 생기는 것은 물론이고 해고당할 가능성도 있다. 그러나 이런 위험에도 많은 근로자가 직장생활을 하는 동안 적어도 한 번 이상 경비를 더 청구한 적이 있다고 인정한다.

온폴 닷컴(Onepoll.com)이 호텔 그룹 트래블 로지 의뢰로 실시한 설문조사에 따르면, 경비를 속여서 청구하는 직장인 때문에 전 영국 회사가 입는 손해가 매년 10억 파운드에 달한다. 이 설문조사 응답자의 46퍼센트는 이를 수입을 올리는 정당한 수단이라고 생각했으며, 8퍼센트가 상사 때문에 짜증날 때 이런 행동을 하는 경향이 있다고 했다. 경비를 속여서 적발된 적이 있는 경우는 응답자의 4퍼센트에 불과했다. 이 조사에 따르면 영국 직장인은 경비를 청구할 때마다 평균 14.6파운드를 착복하는 것으로 드러났다.

미심쩍게도 개인 여행비나 유흥비를 회사에 청구하는 정도로 그치는 사람도 있지만, 회사 경비 유용의 선을 한참 넘어서는 사람도 있다. 위 설문조사에서 밝혀진 믿기 어려운 청구 내역 일부이다.

- 아들 생일 선물용 햄스터
- 하룻밤 정사에 필요한 임신 검사용품
- 매소닉의 도어노커(방문객이 문을 두드릴 때 사용하는 쇠—옮긴이)
- 개인 소장을 위한 우표 수집
- 댄스 강좌
- 구치 시계
- 집에 들여놓을 새 가구
- 콘돔
- 고양이 중성화 수술비

설문조사 결과 여성은 남성에 비해 양심의 가책을 더 느끼는 것으로 보인다. 응답한 남성의 27퍼센트가 이런 경비를 청구할 자격이 충분하다고 답한 반면에, 이렇게 답한 여성은 18퍼센트에 불과했다.

행복은 직장 생활에서 아주 중요한 부분이며, 많은 조직이 이를 인식하고 직원의 행복 지수를 높이려고 노력한다. 일부 회사는 직원들에게 무료 주차장을 제공한다. 또 구내식당이나 보육원이나 체육관 이용료를 지원하는 회사도 생겼다.

이와 달리 좀더 창의적인 방법으로 직원을 행복하게 만드는 회사도 있다. 투자은행이자 대출업체 UBS는 여러 관현악단을 포함해 다양한 예술 프로젝트를 후원하는 방침을 철저하게 지키고 있다. 별로 특별할 게 없어 보이는가? UBS는 일반 회사들의 후원정책보다 훨씬 적극적으로 나서서 직원에게 합창단이나 관현악단을 만들어주거나 음악 레슨비를 지원한다. 휴게실에는 직원들이 마음껏 칠 수 있게 피아노도 들여놨다.

UBS의 직원이자 음악동아리 위원회의 일원인 에드워드 케이

(Edward Kay)는 〈더 타임스〉와 인터뷰하면서 "직장에서 하는 게 아니었다면, 이렇게 열심히 음악활동을 하지 못했을 겁니다"라고 했다.

일과 생활에 균형이 잡혀간다는 말은 직원들이 가족과 알찬 시간을 보내게 돕는 기업이 점차 늘고 있다는 뜻이다. 이런 기업들이 펼치는 서비스에는 출산 휴가, 입양 지원, 유동적인 근무시간, 가족일 운영 등이 있다.

직원의 행복에 중점을 둔 정책은 오피스 지구 건설자들이 모든 직원의 삶을 편하고 행복하게 만들자는 목적으로 설계하고 건물을 세우는 영역으로까지 발전했다. 런던 남서쪽에 있는 오피스 지구 치즈윅 파크에는 작업 공간뿐 아니라 체육관과 수영장도 함께 건설됐다. 이 밖에 선박 항해술부터 창작에 이르기까지 각종 저녁 강좌도 마련됐다.

또 현재 기업은 과거에 비해 안식 휴가를 많이 준다. 갭이어 닷컴(gapyear.com) 등은 대학을 갓 졸업한 신입사원과 마찬가지로 기존 직원에게도 장기휴가를 제공한다.

고위 경영진도 안식 휴가를 챙긴다. 벤 앤드 제리스의 공동창업자 벤 코헨(Ben Cohen)은 1992년에 6개월 동안 안식 휴가를 받았다. 그는 이 기간에 세계 여행을 하거나 이국적인 장소를 돌아다니지 않았다. 그 대신에 용접을 배워 공동창업자 제리 그린필드(Jerry Greenfield)에게 직접 만든 우체통을 선물했다.

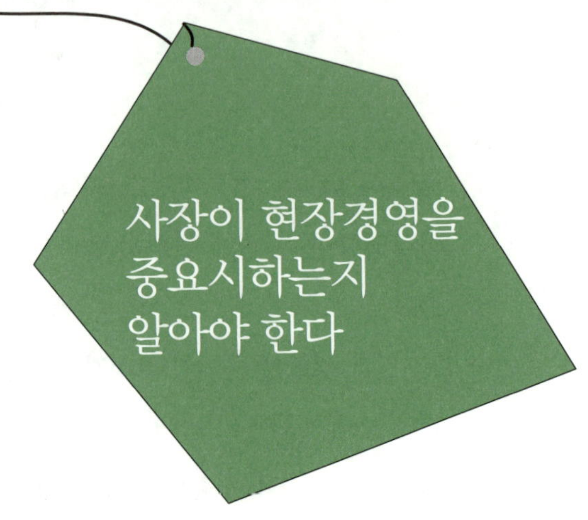

여러분의 상사는 '경영관리' 서적을 통해서 MBWA(책상머리에

앉아서 경영하는 게 아니라 현장 실태를 직접 파악해서 얻은 내용을 기반으로 경영-

옮긴이)를 잘 알고 있을 것이다.

MBWA는 경영진이 기업의 다양한 계층에서 일어나는 실상을

계속 파악하게 해주는 방식이다. 경영진은 일반 직원이 일하는 매

장이나 사무실을 방문해 직원들과 이야기하면서 조직의 경직된 계

급 구조를 타파할 수 있다. 다시 말해 직원이 책상을 얼마나 지저분

하게 사용하는지, 또는 보고서를 써야 하는 때에 인터넷 검색을 하

는지 등을 직접 확인할 수 있다.

여러분이 크림 케이크를 한참 먹으면서 잡담하고 있을 때 갑자

기 상사가 나타나 당황스러운 적이 있다면 월터 패커드(Walter

Packard)를 탓하기 바란다. 1970년대 기업 계급 구조는 오늘날보다

훨씬 엄격했다. 경영진과 직원이 직접 연계될 일이 거의 없었다. 당시에는 경영진 전용 식당과 주차장은 물론 엘리베이터까지 있었다. 운이 좋으면 경영진은 며칠은 물론 몇 주 동안 직원과 맞닥뜨릴 일이 없었다.

그러나 휴렛패커드 사장 패커드는 직원들 사이를 돌아다니면서 현장에서 실제 일어나는 일을 파악하기 좋아했다. 이 점은 직원들의 업무 의욕을 고양시켰다. 사실 패커드는 직원들과 대화하고 이들의 의견을 듣는 데 진짜로 높은 관심을 보였다. 패커드의 이런 접근법은 1985년에 《초우량 기업의 조건》에 소개되면서 널리 알려졌다.

하지만 이런 방식을 처음으로 시도한 사람은 패커드가 아니었다. 1930년대에 마쓰시다(이 회사의 상표 가운데 하나가 파나소닉)의 CEO이자 창업주인 마쓰시타 고노스케(松下幸之助) 또한 현장경영을 중요하게 생각했다. 그는 자신의 공장은 물론 다른 회사에도 관심을 가지고 둘러봤다. 또 마쓰시타는 여러 백화점을 돌아보며 각 전자제품 매장을 구경했으며, 동반한 중역 뒤를 따르며 명함을 돌렸다.

항공사 경영주인 리처드 브랜슨과 스텔리오스 하지 이오만누(Stelios Haji-loannou)는 이 개념을 한 단계 발전시켜 비행기를 타고 다니며 현장 관리를 한다. 이들은 자기 회사 항공기의 단골 승객이며, 이런 방식으로 직원과 승객의 의견을 정기적으로 조사한다.

잭 웰치가 GE의 CEO였을 때 그는 주머니에 코팅된 카드를 넣고 다녔다. 이 카드에는 GE의 기업 가치관이 적혀 있었다. 직원이 이 가치관에 따라 행동하지 못하면 해고 사유가 됐다. 한 회의에서 웰치는 "주위를 둘러보시오. 작년보다 임원이 다섯 명이나 줄었습니다. 한 명은 수익 목표를 달성하지 못해, 네 명은 가치관 때문에 해고됐습니다"라고 해서 청중을 놀라게 했다.

GE에서 웰치는 관리자 업무에 회사의 가치관을 분명하게 연결시켰다. GE 직원 5,000여 명은 3년 넘게 회사의 가치관을 토론하는 자리에 참석했다. 이어 1989년에 마련된 가치관 선언 초안은 직원들이 GE의 가치관을 따르라고 촉구했다. 웰치는 여기에 동의하지 않는 사람은 다른 회사로 옮기는 게 낫다고 했다.

이 선언문에는 "자신의 가치관이 이 선언에 담긴 회사의 가치관과 일치하지 않는 사람은 GE가 아닌 다른 회사에서 더 기량을 발휘할 수 있을 것이다"라고 돼 있었다. 이 부분 때문에 '기량 발휘 억제' 선언으로 알려졌고, 항의가 거세지자 선언문 최종안에서 이 부분은 삭제됐다.

무엇 때문에 번거롭게 기업 가치관을 만들어야 하는가? 이는 경영진이 명령을 덜 내릴수록 직원이 자발적으로 결정하기 때문이다. 그러나 이때 회사 입장에서 어려운 점은 직원이 내린 결정에 회사의 전략이 확실히 반영되게 만드는 것이다. 이를 위한 한 가지 방법은 직원이 의사 결정할 때 안내 역할을 해줄 기업 윤리 기준을 마련하는 것이다. 따라서 기업 가치관이 대두되는 것이다.

많은 기업이 가치관을 서면으로 작성해놓는다. 데이비드 패커드와 빌 휴렛은 1957년에 정한 유명한 'HP 방식(The HP Way)'에 담긴 휴렛패커드의 기업 문화(다른 사람 존중, 사회 존중, 근면 존중)를 직원들이 소중히 생각하게 하려고 많은 어려움을 감내했다. 거대 제약업체인 존슨 앤드 존슨은 창업주 로버트 우드 존슨(Robert Wood Johnson) 장군이 1943년에 만든 기업 신조를 지금까지도 지키고 있다.

가치관이 있으면 기업 실적이 높아진다는 조사 결과에서 볼 수 있듯이, 가치관은 그저 무의미한 의식이 아니다. 하버드 비즈니스 스쿨의 존 코터(John Kotter)와 동료 존 헤스켓(John Heskett)은 20개 산업계에서 각각 9~10개 기업을 추려 4년 동안 연구했다. 이 결과에 따르면 공유된 가치관을 기반으로 강한 기업 문화가 있는 기업이 그렇지 않은 곳보다 운영 실적이 높았으며 수익에서 엄청난 차이를 보였다.

가치관이 있는 회사는 매출이 4배나 빨리 향상됐으며, 일자리 창출도가 7배나 높았다. 또 주가가 12배나 빨리 상승했으며, 수익 실적이 750퍼센트나 높았다.

5

월급쟁이를 벗어나
더 크게 성공하고 싶다면

직업을 바꾸기엔 너무 늦었다고 생각하는가? 정신만 올바르다면 새 일을 시작하기에 늦은 때는 거의 없다. 사실 직업을 바꾼 많은 사람들이 두 번째 또는 세 번째에 원래 직장에 비해서 훨씬 놀라운 성공을 거둔다.

레이 크록은 경력을 늦게 전환한 축에 속했다. 그는 오랫동안 밀크셰이크 믹서 영업을 하면서 별 볼일 없는 직장생활을 하다가, 53세로 안정적 퇴직을 꿈꾸던 1954년에 캘리포니아 주 샌 버너디노의 작은 햄버거 식당을 알게 됐다.

맥도널드 형제가 운영하던 이 식당에서 크록은 강한 인상을 받았다. 그는 형제와 협약을 맺고 식당사업에 동업자로 참여한 뒤, 새로운 식당 운영 규정을 만들어 프랜차이즈를 모집하고 맥도널드 식당을 여러 개 열었다.

1963년이 되자 크록은 이 형제의 모든 지분을 210만 달러에 사들였다. 이때 맥도널드 햄버거는 10억 개나 판매되는 기록을 올렸으며 체인점이 500개로 늘었다. 1965년에 주식을 공개했을 때 크록이 투자한 210만 달러는 곧 5억 달러 가치로 늘어났다. 이어 크록은 샌디에이고 파드리스 야구팀을 비롯해 몇몇 '즐거운' 사업에 아끼지 않고 투자했다.

회사를 성공가도에 올려놓기까지 좀더 구불구불한 여정을 겪은 사람도 있다. 역사상 가장 위대한 광고 회사 대표로 꼽히는 데이비드 오길비(David Ogilvy)는 옥스퍼드 대학을 졸업하고 파리로 갔다. 그는 이 빛의 도시에서 마제스틱 호텔 주방에서 일하다가, 영국으로 돌아가 아가(Aga)에 영업사원으로 취직해 오븐을 팔았다.

이어 미국으로 건너가 조지 갤럽(George Gallup) 박사의 여론조사원으로 일한 뒤에 다시 펜실베이니아 주 랭카스터에 있는 아마시 마을에서 잠깐 생활하며 담배 농사를 지었다. 그리 흔히 볼 수 있는 이력은 아니다. 마침내 1948년, 오길비는 광고업계에 정착해서 오길비 앤드 매더를 세웠다. 그는 이를 연수입이 8억 달러에 이르고 혁신적인 광고로 수많은 상을 받은 기업으로 성장시킨 뒤 1975년에 퇴직했다.

혹시 퇴직이 위대한 경력의 끝이라고 여기는가? 그렇다면 다시 생각해보기 바란다. 시어도어 베일(Theodore Vail)은 미국 전신전화사(AT&T)를 설립하는 데 일생을 바친 뒤 퇴직해 버몬트에 있는 200에이커 규모의 농장으로 들어갔다. 베일이 새로 시작한 농장생활에 모든 힘을 쏟자 농장은 곧 6,000에이커로 늘어났다.

그러나 1907년에 경제 상황이 악화됐다. 은행은 대출을 거부했고 자금이 고갈됐으며 주가가 폭락했다. 경제적 혼란의 소용돌이에서 어두운 그림자가 AT&T에 드리웠다. AT&T의 중역들은 베일이 있는 버몬트의 농장에 찾아와 회사를 살리는 데 도와달라고 간청했다. 이를 어떻게 거절하겠는가?

베일은 2,100만 달러를 원조한 데 이어 이후 6년 넘게 2억 5,000만 달러 이상을 투자했다. 그는 회사가 1907년 10~11월 사이에 일어난 재정 위기를 잘 넘기게 이끌었으며, 이후 AT&T는 전화통신 업계에서 최강자로 발돋움했다.

미국 드라마 〈A특공대(A-Team)〉를 본 적이 있는가? "곤경에 처했는데 아무도 해결할 수 없고 도와줄 사람도 없다면 A특공대를 고용하십시오." 오래도록 기억에 남아 있는 이 해설이 흐른 뒤에 매주 A특공대가 화면에 등장해서 멋진 작전을 개시하곤 했다.

이 1980년대 액션 시리즈에서 대장 한니발은 어떤 상황에 닥치든지 팀원인 페이스, 머독, 비에이 바라커스의 도움만으로 문제를 해결한다. 이들이 혼자 힘으로 임무를 완수할 수 있는가? 물론 불가능하다. 모두의 힘을 모아야 한다. 또 이들은 각자 문제를 해결하는 자신만의 스타일이 있었다. A특공대가 그토록 독특했던 이유는 바로 팀원의 다양성 때문이었다.

경영하다 보면 자신이 담당하던 업무를 다른 사람에게 맡겨야 할 때가 온다. 미국의 위대한 기업가이자 자선가 앤드류 카네기

(Andrew Carnegie)는 "모든 일을 맡으려 들거나 혼자서 칭찬을 다 들으려는 사람은 위대한 기업을 만들 수 없다"고 했다.

어쨌든 업무를 다른 사람에게 위임하면, 여러분과 다른 방식으로 마무리될 가능성이 크다. 이런 사실이 신경에 거슬리는가? 그렇다면 위임이라는 말의 의미를 제대로 이해하지 못했다는 뜻이다.

애초에 업무를 위임하는 게 이득이라고 판단했다면, '내가 하면 더 잘됐을 텐데…' 하는 생각을 버려야 한다. 이런 생각은 업무 위임에 방해가 된다.

미국의 뛰어난 경영자 프랭크 플로레스(Frank Flores)는 "설사 내버려두면 직원이 실수를 저지를 상황이더라도 간섭하지 마라"고 했다.

위임한 업무는 여러분과 다른 방식으로 진행되고 완료되겠지만, 그렇다고 해서 잘못되라는 법은 없다. 그렇지만 일단 실수가 생기면 바로잡는 것은 여러분의 책임이며, 잘못됐다고 해서 단순히 업무를 중단시키면 안 된다. 단기간의 교육 투자로 장기적으로 큰 효과를 거두게 될 것이며, 해당 부서가 기술을 발전시키고 향상시키다 보면 언젠가는 여러분이 직접 나서는 것보다 해당 업무를 훨씬 잘 처리하게 될 것이다.

업무 위임을 잘하고 경영 팀이 잘 운영되면 여러분 혼자서 운영하는 것보다 훨씬 큰 실적을 달성할 수 있다. 한니발은 "나는 협동해서 일하는 게 정말 좋다"고 했다.

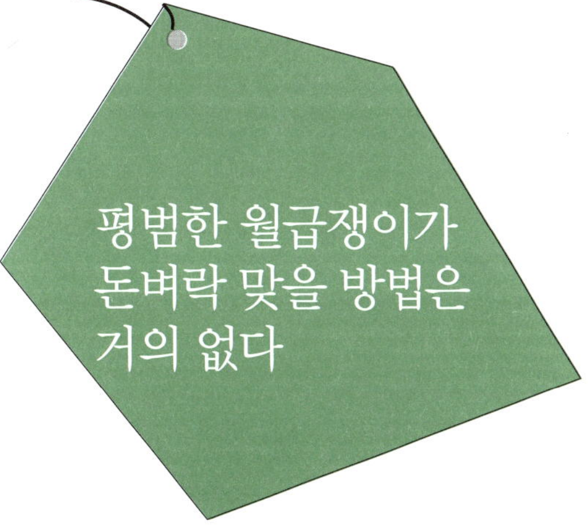

물론 돈이 많아진다고 더 행복해지거나 건강해지지는 않는다. 그러나 일단 여러분의 목표가 돈을 많이 버는 것이라면 아예 처음부터 그에 맞는 직업을 선택해야 한다.

최고 변호사와 의사는 연봉을 꽤 많이 받는다. 영국 왕실고문변호사(QC)나 일류 변호사 사무실의 파트너급 사무변호사는 수입이 100만 파운드에 달한다. 보건 분야를 살펴보면 일부 개업의는 25만 파운드까지 벌어들인다.

큰돈을 벌고 싶으면 재계나 금융계에 뛰어드는 게 좋다. 현재 엄청난 돈을 만질 수 있는 분야는 헤지펀드이다. 2006년에 상위 헤지펀드로 돈을 가장 많이 벌어들인 세 사람은 각각 10억 달러 이상을 챙겼다. 상위 25명에 속하는 사람들은 평균 5억 7,000만 달러의 수익을 올렸다.

최고 헤지펀드 매니저가 받는 어마어마한 연봉은 유명한 스포츠 스타와 할리우드 영화배우들의 몸값을 무색하게 만들 정도이다. 영국 프리미어 리그에서 몸값이 가장 높은 선수는 주당 13만 파운드를 번다. 물론 아주 많은 금액이다. 그러나 금융계에서 수입이 가장 높은 사람에 비하면 훨씬 낮은 액수이다. 미국 스포츠 대부분에는 팀 연봉 상한제가 있지만, 미식축구연맹(NFL)에서 최고로 몸값이 높은 선수는 2,000만 달러쯤 번다.

할리우드에서 톰 크루즈, 윌 페렐, 톰 행크스 같은 톱스타는 대략 2,000만 달러를 벌어들이며, 흥행수입에 따라 개런티를 받기로 했을 경우 영화 수익이 많으면 수입이 훨씬 올라간다. 말런 브랜도는 1978년에 영화 〈슈퍼맨〉과 속편으로 거의 340만 달러에 달하는 개런티를 받았으며 여기에 흥행수입에 따라붙는 돈을 덧붙이면 액수가 훨씬 올라간다. 그는 영화사와 갈등이 생겨 후속편에 등장하지 않지만, 12일 동안 영화를 찍은 대가만으로 1,400만 달러를 벌었다. 이는 영화 상영 시간으로 따지면 단지 10분 정도에 올린 수입이다.

평범한 봉급생활자에게는 상상도 할 수 없는 일이지만 돈벼락을 맞을 다른 방법도 있다. 1896년에 조지 카마크(George Carmack)와 스쿠컴 짐(Skookum Jim)이 유콘 밸리 알래스카에서 금광을 찾은 것을 계기로 클론다이크(Klondike, 캐나다 유콘 강 유역의 금광 지대—옮긴이) 지역에 골드러시가 시작됐다. 그러나 수많은 사람이 몰려들 즈음에 카마크는 이미 금 1톤 이상을 캐냈다.

그러나 유콘 주의 금광처럼 진귀한 천연자원을 발견한다고 해서 항상 엄청난 돈을 벌어들이는 것은 아니다. 1893년에 남아프리카 예거스폰테인에서 한 아프리카 노동자가 삽으로 자갈을 퍼 트럭에 싣던 중 아주 큰 천연 다이아몬드를 발견했다. 그는 다이아몬드를 숨겨놨다가 광산 관리자에게 가져다줬다. 이 보물은 후에 세계에서 가장 유명해져서 엑셀시어 다이아몬드로 불린다. 이는 995.2캐럿으로 현재까지 발견된 것 중 가장 큰 축에 속한다.

이후 이 원석은 21조각으로 잘린 뒤 1996년에 당시 가장 큰 다이아몬드라는 평가를 받으며 시장에 등장하여 264만 2,000달러에 팔렸다. 그러나 처음에 다이아몬드를 발견한 노동자는 보상으로 500달러에 안장과 굴레가 채워진 말 한마리를 받았을 뿐이다.

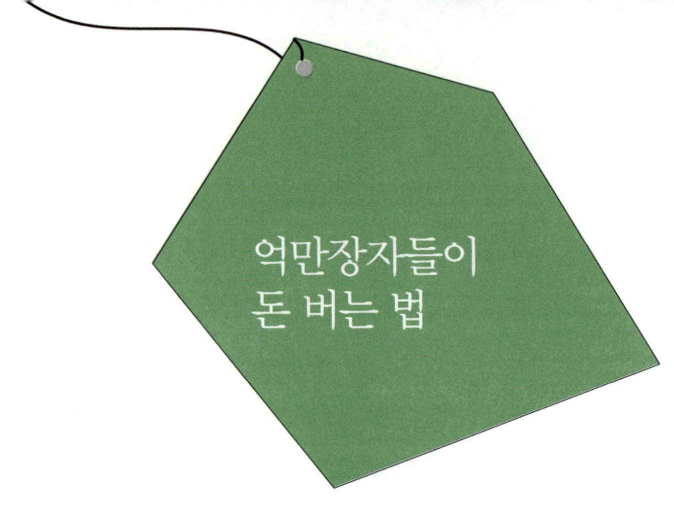

억만장자가 되는 것이 그리 쉽지는 않다. 그러나 과거에 비해 훨씬 쉬워진 게 사실이다. 여러 나라에서 과거 어느 때보다 많은 억만장자가 나오고 있다. 〈포브스〉가 조사한 억만장자 목록을 살펴보면 2007년에 억만장자는 946명에 달했으며, 이 가운데 178명은 새로 합류한 사람들이다.

억만장자의 평균 연령이 낮아지고 있지만, 이 정도의 재산을 축적하려면 시간이 많이 걸리기 마련이다. 평균으로 따지면 62년이 소요된다. 억만장자의 3분의 2가 무일푼에서 시작해 돈을 벌어들인 사람들이다. 부자는 더 부유해지기 마련이며, 이들의 총 순재산을 따지면 9,000억~3조 5,000억 달러에 달한다. 이는 영국의 연간 GDP보다 더 많은 금액이다.

이 책이 출간될 즈음에 지구상에서 가장 부유한 사람은 마이크로소프트 창업자 빌 게이츠 아니면 멕시코 텔레콤 거물인 카를로스 슬림이고 이 뒤를 금융투자업계의 권위자 워렌 버핏이 바짝 따를 것이다.

어쨌거나 영국은 백만장자가 되기에 쉽지 않은 나라이다. 전 세계 억만장자는 대부분 미국 출신이고, 이 가운데 영국 사람은 30명이 채 안 된다. 새로 억만장자 대열에 낀 사람들을 살펴보면 억만장자가 되기에 가장 유리한 나라는 러시아이다.

억만장자들이 돈을 벌어들인 방법이 궁금할 것이다. 〈포브스〉가 발표한 억만장자들은 다양한 업계에서 배출됐다. 따라서 억만장자가 되고 싶다면 J. K. 롤링처럼 책을 쓰거나, 빌 게이츠처럼 세계적 컴퓨터 운영 시스템을 독점하거나, 이케아의 잉바르 캄프라드(Ingvar Kamprad)처럼 운반하기 좋은 조립식 가구에 과감하게 전 재산을 거는 방법도 있다.

흥미롭게도 지구상에서 가장 부유한 네 명 가운데 캄프라드와 버핏은 절약정신이 투철한 것으로 유명하다. 예를 들어 버핏은 아직도 1958년에 3만 1,500달러를 주고 산 집에 산다. 항상 절약하는 캄프라드는 언젠가 스스로를 '스위스 구두쇠'라고 한 적이 있다. 그는 비행기를 탈 때면 이코노미석에 앉고 검소하게 먹으며 편한 옷을 즐겨 입고 동네 시장에서 물건 값을 깎는 것으로 유명하다.

가업을 이어받은 무능한 후손들이 창업자의 노고를 수포로 돌릴 가능성이 있다는 걱정이 많은 게 사실이지만, 알고 보면 가족기업은 실적 면에서 아주 놀라운 기록을 보여준다.

세계에서 유명한 기업 일부는 역사가 오래된 가족 회사이다. 미국에서 잘 알려진 가족 회사로는 메리어트, 마스, 레비 스트로스, 와이어하우저, 월마트, 리글리가 있다. 유럽에 있는 가족기업으로는 J. 세인즈베리, 알디, 피아트, 미쉐린, 이케아가 있다. 가족기업은 특히 아시아에서 유명하며 몇 곳만 들면 LG그룹, 삼성, 마쓰시타, 도요타, 타타그룹이 있다.

2003년 〈비즈니스 위크〉에 실린 한 연구논문은 S&P500지수(기업 규모와 유동성과 산업 대표성을 감안해 선정한 보통주 500종목을 대상으로 발표하는 주가지수—옮긴이)에 속하는 여러 가족기업을 조사했다. 이 기업들

216

은 창업주나 가족이 경영진, 이사진, 대주주로 참여하는 곳이었다.

과거 10년 동안 이런 기업은 가족기업이 아닌 곳보다 실적이 좋았으며, 주주 평균수익률이 15.6퍼센트에 달했다. 반면에 가족기업이 아닌 기업의 주주 평균수익률은 11.2퍼센트였다. 〈파이낸스 저널〉에 실린 '가족 소유권과 기업 실적 : S&P500에서 나온 증거' 역시 위와 비슷한 결론을 보여준다.

가족기업이 잘 운영되는 이유는 무엇인가? 가족 구성원은 회사에서 함께 일하면서 성장해 안팎 사정을 낱낱이 파악하고 있다. 대체로 가족기업 내 의사결정은 상장회사보다 훨씬 빠르다. 정에 기반을 둔 관리로 직원들의 충성심을 불러일으킨다. 어찌 보면 가족기업은 현대 사업계에서 직업의 개념이 중요하게 여겨지는 마지막 장소일 것이다.

가족기업 소유자는 대체로 회사 지분을 상당히 많이 보유하고 있다. 가족기업은 그렇지 않은 곳에 비해 회사 확장에 전폭적으로 투자한다. 또 이사진이 모두 가족으로 구성돼 있다(물론 일반적인 기업 경영 규칙을 신봉하는 사람에게는 이런 상황이 질색일 것이다). 그러나 가족기업 경영자들은 이렇게 전 가족이 회사에 묶여 있기 때문에 자신의 회사에 강한 책무를 느낀다.

"부자는 3대를 못 간다"는 말을 하지만, 일부 가족기업은 예상 외로 훨씬 탄탄하게 운영된다. 세계에서 가장 오래된 가족기업은 일본의 콩고구미(金剛組)이다. 576년에 설립된 이 건설업체는 40대를 이어왔다. 이곳보다 역사는 짧지만, 11세기경에 설립된 이탈리아 업체 폰데리아 폰티퍼시아 마리넬리(Fonderia Pontificia Marinelli)

도 장수하고 있다. 이곳은 종 주조 공장으로 여기에서 생산된 종은
전 세계 교회에서 울리고 있다. 이 회사의 직원 중에는 아직도 마리
넬리 가문 출신이 있다.

많은 사람이 희생을 치르고 나서야 100퍼센트 안전한 투자는 없다는 사실을 깨닫는다. 피치 못할 상황이면 회사가 부도나고 은행이 파산하며 필수품 가격이 폭락하기 마련이다. 특히 월스트리트 주식대폭락은 투자의 위험을 생생히 보여주는 예이다.

1921년 8월에 다우존스 공업평균 지수(미국 다우존스가 뉴욕증권시장에 상장된 우량기업 주식 30종목을 표본으로 시장가격을 평균으로 산출하는 세계적인 주가지수—옮긴이)는 63.9였다. 이때부터 몇 년 동안 경기가 갑자기 좋아졌다. 신기술 시대(라디오, 영화, 자동차, 전화, 항공)가 도래했다는 낙관주의 덕에 주가는 신기록 행진을 하며 상승했고, 급기야 1929년 9월에 최고점인 381.17까지 올라갔다.

그러나 1929년 10월에 주식 시장이 급변했다. 검은 월요일에 다우지수가 38포인트까지 떨어졌고, 주식을 매각하려는 수많은 사람들로 전화와 전신 시스템에 불이 났다. 1932년 7월까지 다우지수는 41.22에 머물렀다. 분석가들은 상황이 회복되려면 20년이 걸릴 것이라고 예측했다. 동시에 은행에 위기가 닥칠 것이라고 예상한 대다수가 저금을 인출했다. 결국 은행은 1929년에 2만 5,568곳에서 1933년에 1만 4,771곳으로 줄었다.

필수품도 위험하기는 마찬가지다. 역사적으로 금값과 기름값이 한 번 이상 폭락했다. 커피와 설탕과 돼지고기와 오렌지 주스 등의 필수품 가격도 마찬가지였다.

투자에서 대체로 성공이 보장된다고 홍보되는 분야는 이른바 '안전한 부동산'이다. 그러나 부동산 또한 아주 안정적이지 않음을 유념해야 한다. 혹시 1989년에 영국에 몰아닥친 부동산 시장 폭락을 일시적인 하락쯤으로 대수롭지 않게 여겼는가? 이런 사람에게 부동산 가치는 수요와 공급 법칙이나 시장에 영향을 미치는 기타 요인에 따라 등락한다는 사실을 말해줘도 필요 없을 것이다.

1935년에 〈포춘〉에는 한순간 벼락 경기로 뜬 상하이를 다룬 기사 '지구에서 다섯 번째 도시'가 실렸다. 이 기사에 따르면 1843년에 상하이는 아편전쟁 결과 맺어진 난징조약에 따라서 토지 몇 에이커를 외국인 특별지정구역으로 설정했으며 개항을 하고 문호를 개방했다. 이 땅은 '외국인 거류지' 또는 '번드(Bund, 상하이 부두 와이탕(外灘)을 일컫는 말―옮긴이)'로 알려졌으며, 당시 500달러(Mexican eagle dollar: 1935년 가치)면 토지 1에이커를 살 수 있었다.

1850년부터 1864년에 태평천국의 난이 일어났다. 이는 역사상 두 번째로 잔혹한 유혈 전쟁으로, 사망자가 약 2,000만 명이나 되

220

는 것으로 추정됐다. 이 기간에 태평 반군은 상하이 문전까지 진격해서 피난민의 물결을 전멸시켰다. 그러나 반군은 번드까지는 점령하지 못했고 얼마 지나지 않아 정부군에 패배했다. 이렇게 되자 이 부군의 토지는 1에이커에 5만 달러로 올랐다. 1899년이 되자 상하이는 국제적인 상업 지구로 발전했으며, 번드 지역이 초기에 비해 4배나 넓어졌다.

그러다가 1912년에 청조가 몰락하고 쑨원(孫文) 주도로 일어난 혁명으로 전 사회적으로 불안정한 상황이 지속됐으며, 지역마다 다른 군벌이 정권을 잡았다. 이렇게 되자 중국인들은 모아두었던 돈을 가지고 상하이로 몰려들었고 1924년이 되자 번드 내 중국인 인구가 300만 명에 달했다. 1927년에 이 부근 토지는 1에이커에 140만 달러에 거래됐다. 이어 장제스(蔣介石)가 이끄는 국민당 혁명이 수차례 일어났으며, 1935년이 되자 이 지역 땅값은 1에이커에 420만 달러까지 치솟았다.

이쯤 되면 부동산업자들은 이 외국인 거류지에 투자했으면 엄청난 수익을 올렸을 것이라고 생각할 것이다. 그러나 안타깝게도 수천 명이 땡전 한 푼 건지지 못했다. 1937년에 상하이를 침략한 일본은 외국인 투자가의 부동산 소유권이나 외국인 거류지가 성역임을 인정하지 않았다. 바로 직후에 제2차 세계대전이 일어났으며, 중국에서 오랫동안 기회만 보던 공산당이 마침내 승리의 축배를 들었다. 이에 따라 상하이에 만연하던 '안전한 부동산 투자 분위기'도 물거품처럼 사라졌다.

1976년에 밥 딜런이 그려진 티셔츠를 입은 열의 넘치는 젊은 여성 사업가가 은행에 찾아갔다. 그녀는 새 벤처사업을 시작할 것이라며 4,000파운드 융자를 신청했다. 그녀는 대출을 거절당했다. 할 수 없이 남편이 대신 은행에서 돈을 빌려 그녀에게 건네줬다. 이렇게 그녀가 창업한 회사는 30년 뒤에 6억 5,200만 파운드라는 엄청난 가격에 매각됐다. 이 여성 사업가는 아니타 로딕(Anita Roddick)이고 그녀가 창업한 회사는 바로 보디숍이다.

개인적 용도든 사업을 위한 것이든 은행에 대출을 신청하기는 참 어려운 일이다. 특히 과거에 융자를 받은 적이 없을 때는 더욱 그렇다. 은행 입장에서 거래 실적이 없는 고객에게 돈을 빌려주면 위험부담이 높기 때문이다. 그렇다면 대출받을 가능성을 높이려면 어떻게 해야 하는가?

일단 겁먹은 자세를 버려야 한다. 은행의 기본 업무는 돈을 빌려주는 것이다. 이들이 수익을 올리는 주요 방법은 대출이다. 그러니 걱정할 필요가 없다. 그리고 자료조사를 하면 더 자신감이 생기고 대출받는 데 성공할 기회가 높아진다. 먼저 여러분의 조건에 맞는 융자 상품이 있는 은행을 조사한다. 이렇게 해서 찾은 은행 목록을 만든 다음에 융자 조건이나 기간에 따라 여러분에게 가장 적합한 곳부터 순위를 매긴다.

은행 담당자를 만나기 전에 대출받는 데 필요한 각종 서류나 정보를 알아놓는다. 그런 다음에 모든 서류와 함께 신분증명서, 돈을 사용할 곳을 보여주는 증빙 자료, 재정 상태를 입증할 상세한 자료도 지참한다.

은행은 대출 이유를 꼭 묻는다. 그러니 대출이 필요한 이유와 여러분에게 대출을 해도 안전하다는 점을 설명할 준비를 한다. 또 은행은 대체로 필요한 금액, 대출 기간, 대출금을 갚을 시기와 방법, 대출을 받지 못할 때 대안을 질문한다. 은행 측은 각 질문에 대한 여러분의 답변을 들으며 대출금 상환 능력을 파악하고 대출시 위험도를 평가한다.

또 여러분이 전문가적인 태도로 행동하면 대출받을 가능성이 높아진다. 따라서 의상 선택을 잘하고 긍정적인 자세를 보이며 명료하게 말해야 한다.

마지막으로, 거짓말하지 말고 사실을 말한다. 은행 직원은 대출 신청자를 하루에도 수십 명 만나기 때문에 장황하게 설명을 늘어놓아봤자 소용이 없다. 여러분의 사업이 난관에 부딪힐 가능성도 고려하고 있음을 보여주면 대출 승인 확률은 높아진다.

첫 대출 신청을 거절당했다고 다른 은행에서도 거절당하라는 법은 없다. 일단 대출금을 잘 상환하면 다음부터 대출받기 훨씬 쉬워질 것이다.

1720년 2월, 영국에 본사를 둔 사우스 시 컴퍼니의 주식은 130
파운드에 거래되었다. 6월이 되자 주가가 놀랍게도 1,050파운드로
치솟았다. 그러나 이어 사우스 시 컴퍼니의 주가에서 거품이 빠지
면서 극심한 혼란이 뒤따랐다. 1720년 11월이 되자 주가는 다시
170파운드로 돌아왔다. 이 과정에서 엄청난 돈이 날아갔고 많은
개인 투자가들이 파산했다. 주식 시장에 투자하는 이들에게 이는
투자하면서 이성을 잃기가 얼마나 쉬운지를 보여주는 교훈적인 일
화이다.

전통적인 금융 이론에 따르면 사우스 시 주식의 불행한 흥망성
쇠는 애초에 일어날 수 없는 일이었다. 효율적 시장가설(EMH)은 시
장가격에는 이용가능한 모든 정보가 즉각적으로 반영되므로 누구
도 지속적으로 이득을 볼 수 없다고 설명한다. 따라서 아무리 돈 버

는 기술이 좋은 사람이라도 투자 상품을 싸게 또는 비싸게 살 수 있다는 믿음을 갖지 말라는 뜻이다.

그렇지만 경제학자들의 생각과 달리 투자자의 행동이 비이성적이라면 어떻게 되는가? 행동재무학(behavioral finance)은 투자자의 행동을 중심으로 금융과 기타 시장에서 벌어지는 일을 설명하려는 새로운 시도를 하는 분야이다.

사우스햄턴 대학 경영대학원 위험연구센터 연구원들은 사람이 정보를 이성적으로 활용하는지를 알아보는 연구로 몇 가지 사실을 밝혀냈다. 이 연구에 따르면, 흥분도가 상승하면 이성적으로 생각하는 능력이 감소한다. 마찬가지로 문제가 복잡해질수록 인식능력이 극한에 다다라서 이성적인 사고력이 사라진다.

바로 이런 현상 때문에 사우스 시와 닷컴 회사에 과도한 주가 상승 열풍이 불어닥쳤다. 또 1987년 검은 월요일에 뉴욕 주식 시장이 대폭락함과 동시에 세계 주식 시장이 추락한 것도 이 때문이었다.

사우스 시 컴퍼니는 주식으로 정부 부채를 교환했다. 결국 영국 정부 부채의 반을 거래 가능한 증권으로 차환했다.

이 회사는 일반인을 대상으로 신용대부 형식으로 네 번에 걸쳐 주식을 공개했다. 투자자는 일정 부분을 선불로 지불하고, 나머지를 정해진 기간에 분할해서 낼 수 있었다. 그리고 주식을 발행할 때마다 계약금과 분할 기간이 다르게 적용됐다.

이 직전에 유명한 런던복권도 이와 비슷한 단계별 원칙을 적용한 적이 있었다. 복권을 다섯 번 발행하고 발행할 때마다 상금을 올렸다. 일반인은 이 복권과 마찬가지로 주식이 새로 발행될 때마다

이전에 비해 수익이 올라갈 것으로 믿고 다투어 사우스 시 컴퍼니의 주식을 사들였다. 이 회사가 새로 도입한 이 방법(주식 발행 가격과 체계, 출자금 전환 등)은 엄청나게 복잡했다.

이런 사정이니 일반적인 시장 규칙이 적용되지 않는 게 당연했다. 당시 변호사는 이 상황을 "모든 정신병자들이 동시에 병원에서 탈출한 것 같다"고 묘사했다.

이 투기 열풍이 한창일 때 돈을 잃은 아이작 뉴턴 경은 "나는 장대한 행성의 멋진 움직임을 예측할 수 있지만, 사람들의 광기까지는 예상할 수 없었다"고 했다.

'돈으로 사랑을 살 수 없다(Money Can't Buy You Love)'는 노래를 만든 비틀스는 세상살이를 제대로 알았던 듯하다. 사회학자들과 심리학자들의 연구 결과를 보면 많은 선진국에서 평균수입 수준이 계속 증가하는 반면에 행복 지수는 떨어지고 있다.

대체로 부유한 국가의 국민이 가난한 나라의 국민보다 행복하긴 하다. 그러나 일단 생활필수품이 다 갖춰지고 평균수입이 연봉 1만 파운드 수준에 이르면 여분의 수입은 전체 행복 지수에 별 영향을 미치지 않는다. 현재 영국 국민은 1950년대에 비해 세 배나 부유해졌지만 이들의 행복 지수는 훨씬 낮다.

많은 사람들이 삶에서 돈보다 행복을 더 중요하게 여긴다는 점을 고려할 때 현 상황은 아주 걱정스럽다. 더구나 행복한 사람이 불행한 이들보다 오래 산다는 증거도 있다. 몇몇 연구 자료에 따르면 이들의 수명 차는 거의 10년까지 벌어진다.

이러니 일부 국가에서 행복을 아주 진지하게 받아들이는 것도 당연하다. 인도와 중국 사이의 히말라야 산맥에 자리 잡은 작은 왕국으로 인구가 60만 명쯤인 부탄을 예로 들어보자.

언젠가 부탄이 느린 경제 성장으로 비판을 받자 국왕은 국민총생산(GNP)보다 국민총행복(GNH, 부탄 민주화를 이끈 지그메 케사르 남겔 왕추크 국왕이 만든 용어-옮긴이)이 중요하다고 역설했다.

네덜란드의 세계행복협회나 스톡홀름의 세계가치협회에서 한 행복 지수 설문 결과를 보면 안타깝게도 전 세계적으로 대다수 사람들이 상당히 불행해하고 있다. 영국 레스터 대학은 '세계행복지도'(이 대학은 이를 '전 세계의 주관적 행복도 예측'이라고 부름)를 만들었다.

이 지도에 따르면 상위 5위권에 드는 가장 행복한 국가는 덴마크, 스위스, 오스트리아, 아이슬란드, 바하마 순이었다. 부탄은 8위였고 영국은 겨우 41위에 그쳤다. 냉소적이며 판에 박힌 불행의 대명사인 프랑스는 62위로 나타났으니, 이 나라에서는 이른바 '삶의 기쁨(joie de vivre, 에밀 졸라가 쓴 소설과 파블로 피카소의 연작그림 제목)'이 종적을 감춘 것으로 해석된다. 한편 일본은 90위를 차지해 이 나라 국민이 아주 불행하다는 점을 대변한다.

경영 분야 평론가들은 우성적인 리더의 예를 주로 다른 분야에서 찾아내곤 했다. 대표적인 사례로 나폴레옹, 웰링턴, 엘리자베스 1세, 처칠같이 군사 영웅이나 정치인이나 전제군주를 들 수 있다. 사업 종사자들에게 영감을 주기에는 좀 특이한 인물들이다.

또 다른 예로 셰익스피어를 주제로 한 경영서를 들 수 있다. 뉴욕 콜롬비아 비즈니스 스쿨 교수 존 휘트니(John Whitney)와 연극 감독 티나 패커(Tina Packer)는 《리더십 3막 11장(Power Plays: Shakespeare's Lessons in Leadership and Management)》을 내놓았다. 또 폴 코리건(Paul Corrigan)은 《셰익스피어 경영론 : 관리자를 위한 리더십 교훈(Shakespeare on Management : Leadership Lessons for Managers)》을 썼다. 이처럼 현재 사업 분야에서 음유시인 셰익스피어가 대세이다.

예를 들어 《리더십 3막 11장》에서 작가는 셰익스피어의 4대 비극 〈오셀로〉의 진짜 비극은 주인공 오셀로의 인력 관리 기술이 표준에 달하지 못했던 점이라고 주장한다. 지도자는 일정한 직위에 사람을 선임할 때 자신이 더 적합하다고 생각하는 다른 사람을 간과하고 넘어가게 된다. 〈오셀로〉에서 부하 이아고는 부관으로 선임되지 못한 데 앙심을 품고 거짓말로 복수하려다가 엄청나게 비극적인 결과를 몰고 온다.

셰익스피어에게 관심이 쏠리는 이유가 무엇인가? 경영 분야와 영화를 접목한 웹사이트 www.moviesforbusiness.com에 가면 할리우드에서 각종 영감을 얻을 수 있다. 이 웹사이트에는 〈오즈의 마법사〉를 통해 본 여러 사업적 교훈을 사례연구로 풀어놓은 것도 있다. 전혀 어울리지 않을 것 같은 조합이지만 실제로 존재하는 내용이다.

프랭크 바움(Frank Baum)이 쓴 소설을 원작으로 한 영화 〈오즈의 마법사〉에는 사업에 도움이 될 교훈이 많이 담겨 있다. 몇 가지를 꼽아보면 "대개 겁 많은 사자가 지도자 자리를 맡는다", "귀찮게 하지 마' 라고 말하는 상사가 되지 마라", "자료 처리에 전문가(교수처럼)가 돼라"가 있다.

이 중에서 "CEO 글린다(착한 마녀─옮긴이) 같은 스승에게 배워라"는 좋은 예이다. "오즈의 지정학적 위치를 잘 생각해보자. 이곳은 대립과 갈등의 세계이다. 자비로운 여왕들(좋다! '착한 마녀' 라고 해두자)이 관할하는 북쪽과 남쪽에는 늘 즐겁고 운영도 잘되는 나라들이 있다. 먼치킨(난쟁이족─옮긴이)은 바로 국경 근처에 살며, 노란 벽돌

길 옆에서 노래하고 춤추고 장난을 치면서 지낸다. 나쁜 마녀들이 사는 동쪽과 서쪽 나라는 사악한 자매가 다스리며 원숭이처럼 생긴 날아다니는 동물을 노예로 잡고 있다." 보통 사람들이 이 영화를 '주디 갈런드가 스타덤에 오르는 수단' 정도로 생각하는 것에 비하면 이는 아주 색다른 해석이다.

이 밖에도 사업 분야에서 활용할 교훈을 담은 영화로는 〈모비 딕〉(리더십), 〈줄루〉(자원 이용), 〈시민 케인〉(계승), 〈빅〉(창조성)이 있다.

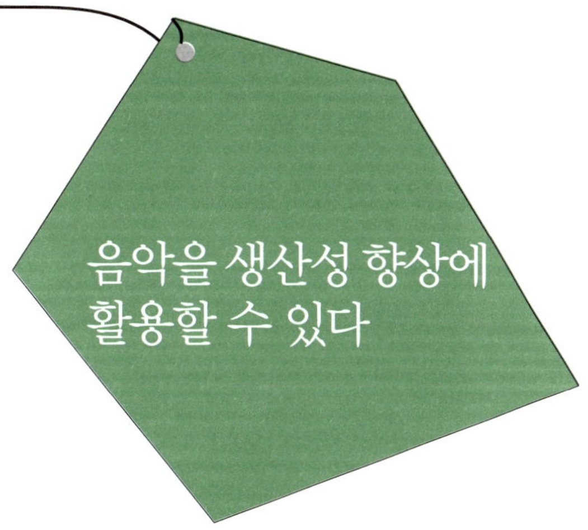

"기존 고객은 1번, 영업 상담은 2번, 기타 질문은 3번을 누르십시오. 1번을 누르셨습니다. 전화 상담원과 연결해드리겠습니다." 물론 안내 내용과 달리 상담원과는 절대 연결이 안 된다. 대체로 계속 전화기에서 흘러나오는 음악만 듣고 있어야 한다.

기업들은 이렇게 통화 대기 상태일 때 팬파이프로 연주된 음악을 틀어준다. 녹음된 메시지만 나올 때에 비해 팬파이프 연주 음악이 배경으로 깔리면 훨씬 오랫동안 전화기를 들고 기다린다는 조사 결과가 있기 때문이다.

주변 소리에 귀를 기울이다 보면, 음악이 모든 곳에 존재하며 우리 행동을 교묘하게 조종한다는 생각이 갑자기 든다. 기업은 소리가 사람에게 미치는 영향력을 수년 전부터 활용했다. 미국 육군은 베트남 전쟁 동안 베트콩을 향해서 유령이 나올 것 같은 음악을 틀어 이들의 사기를 꺾곤 했다.

이후 미국은 파나마의 독재자이자 마약밀매에 관여한 마누엘 노리에가(Manuel Antonio Noriega)를 체포해 미국 법정에 세운다는 명목으로 파나마를 침공했다. 이때 미군은 건스앤로지스(Guns n' Roses, 폭발적인 인기를 모았던 미국 록 밴드—옮긴이)가 부른 〈웰컴 투 더 정글〉의 경쾌한 선율을 비롯한 여러 노래를 바티칸 대사관을 향해 틀어댔다. 이는 미군을 피해 바티칸 대사관에 숨어 있던 노리에가가 록 음악 팬이라서가 아니라 그를 자극해서 밖으로 끌어내려는 전략이었다(음악을 튼 이유가 대사관 앞에서 진을 치고 앉아 있느라 지루해하는 미군 병사들을 즐겁게 하려는 의도였다거나 협상 내용을 언론에 드러내지 않기 위해서라는 설도 있다. 그러나 이 음악을 듣고 나면, 앞서 말한 이론이 맞는다고 믿고 싶어진다).

음악은 소비자 행동을 강력하게 자극하며, 이를 입증하는 다양한 형태의 연구 자료도 많다. 물론 소비자는 대부분 자신이 음악에 영향을 받아 소비한다거나 이런 연구 자료가 많다는 사실조차 전혀 모르지만 말이다. 이 책을 본 독자들도 이제 이런 사실을 알게 됐을 것이다.

한 연구 결과에 따르면 슈퍼마켓에서 음악을 느리게 틀면 소비자의 쇼핑 시간이 15퍼센트까지 길어져 구매가가 33퍼센트나 늘어난다. 또 빠른 음악은 술 마시는 속도를 빠르게 한다. 따라서 술집에서는 빠른 음악을, 상점에서는 느린 음악을 튼다. 와인 가게에서는 더 비싼 와인을 구매하게 하려고 클래식 음악을 튼다.

음악이 없을 때와 세 종류의 음악(편한 음악, 팝, 클래식 음악)을 들을 때 사람들의 행동에 나타난 차이점을 보여주는 연구 결과도 있다.

이 실험은 참가자들에게 네 상황을 만들어준 다음 정해진 물품 14개를 구입할 경우 얼마나 지불하겠냐는 질문을 던졌다. 평균을 내본 결과 참가자들은 음악이 없을 때는 14.3파운드, 편한 음악이 나올 때는 14.51파운드, 팝이 나올 때는 16.61파운드, 클래식 음악이 나올 때는 17.23파운드까지 내겠다고 답했다. 결국 침묵은 금이 아니다.

음악은 생산성에도 영향을 미친다. 냇웨스트 은행 수표처리센터에 근무하는 직원 72명을 대상으로 3주 동안 음악이 없을 때, 느리거나 빠른 음악이 나올 때의 상황을 관찰한 결과 저마다 아주 다른 생산성을 보였다. 빠른 음악이 나올 때는 30분마다 수표 23,390.51이 처리됐지만 느린 음악이 나올 때는 19,129.17에 그쳤다. 음악에 따라 22퍼센트나 차이를 보였던 것이다. 모든 사무실에 하드코어 테크노 음악을 틀면 어떨까?

회사 방송실에서 각 사무실로 보내는 무드음악을 싫어하는가? 그런 사람들이 꽤 많은 듯하다. 영국 왕립청각장애인협회(RNID)를 비롯해서 많은 단체는 배경음악 반대 캠페인 파이프다운(Pipedown)을 적극적으로 후원하고 있다.

'탁상공론'에 대비해 '만반의 준비'를 갖추는 스타일인가? 아니면 '틀을 벗어나'서 '고정관념을 버리기'를 좋아하는가? 여러분이 둘 중 한쪽에 해당되면 전문용어를 자기 것으로 받아들였으며, 이런 용어로 다른 사람을 당황하게 하거나 부담스럽게 하고 있을 가능성이 많다.

광고의 대부 데이비드 오길비가 "광고업계에는 잘난 척 전문용어를 사용하며 사람들에게 좋은 인상을 주려고 노력하는 바보들이 많이 있다"고 했듯이 말이다.

오길비 외에도 일상적으로 사용되는 전문용어를 혐오하는 사람들이 많은 듯하다. 사실 2006년에 인베스터스 인 피플이 의뢰한 한 설문조사에 따르면, 영국 직장인의 54퍼센트는 대화가 원활하게 이루어지지 않는 가장 큰 원인이 전문용어 때문이라고 답했다.

응답자의 37퍼센트는 이런 전문용어가 무능력한 사람이라는 느낌이 들게 하며 결과적으로 직장 내 불신을 조장한다고 생각했다.

또 이 연구에 따르면 응답자의 39퍼센트가 전문용어 사용은 자신감이 부족한 증거라고 여겼다. 따라서 여러분이 일상적으로 이런 말을 사용한다면 조심해야 한다. 응답자 가운데 18퍼센트가 전문용어를 사용하는 사람을 신뢰할 수 없으며 뭔가 감추려고 노력하는 느낌이 든다고 답변했다는 점을 명심하기 바란다.

그렇지만 전문용어로 넘쳐나는 회의의 지루함에서 벗어나게 해줄 좋은 방법이 있다. 바로 '버즈워드(buzzword) 빙고 게임'이다. 방법은 아주 간단하다. 게임하려는 사람은 빙고 카드 한 벌을 만든다(또는 다운로드받는다). 단 이 카드에는 숫자가 아니라 기업 용어를 써야 한다. 카드 한 벌은 최신 비즈니스 용어 40개로 구성됐다.

자주 사용되는 전문용어는 '틀을 벗어난 생각(out-of-box)', '장려(incentivise)', '빅 픽쳐(big picture, 전체상-옮긴이)', '윈-윈(win-win)', '권한 부여(empower)', '터치 베이스(touch base, 연락하다-옮긴이)', '스퀘어 더 서클(square the circle, 불가능한 일 시도-옮긴이)', '드릴 다운(drill down, 간략한 정보에서 상세 데이터로 옮겨가기-옮긴이)', '민첩함(heads up)', '직장에서 상사와 대면하면서 보내는 시간(face time)', '조망도(helicopter view)'이다.

게임하는 사람은 회의에서 생각지도 않았던 상사의 입에서 이런 말이 나오면 해당 카드에 체크를 해놓는다. 전문용어 다섯 개를 한 줄로 연결한 사람이 승자가 된다.

그러니 다음 회의에서 여러분이 각종 전문용어를 구사하면서 거만스럽게 말하는데 누군가 '하우스(house)'라고 외친다면, 회사의 자금 투자 프로그램을 말하는 게 아니라 버즈워드 빙고를 하다가 한 줄을 맞췄나 보다 여기면 된다.

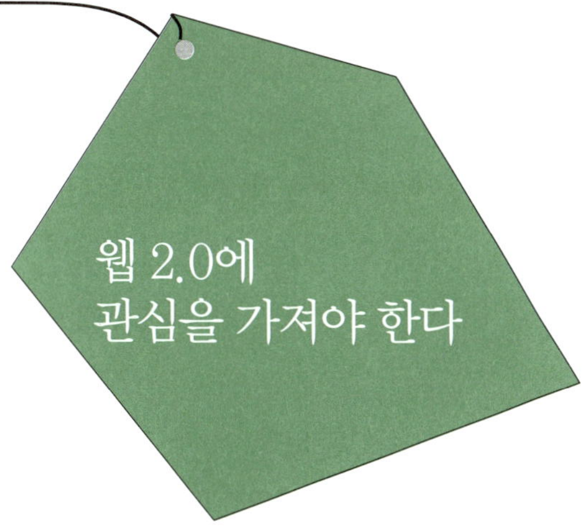

〈타임〉이 해마다 발표하는 올해의 인물은 아주 유명하다. 2006
년 12월에는 그 해의 수상자가 '바로 당신'이라고 발표했다. 축하
하는 바이다. 이제 여러분은 조지 W. 부시(세 번 수상), 빌 클린턴(두
번 수상), F. D. 루스벨트, 윈스턴 처칠, 히틀러, 조지프 스탈린이 포
함된 저명한(또는 그리 저명하지 못한) 인물 그룹의 일원이 된 것이다.

2006년에 모든 사람이 수상자로 선정된 이유는 전 세계에서 포
토버킷, 플리커, 페이스북, 마이스페이스, 유튜브, 링크드인 같은
웹사이트에 로그온한 사용자 수백만 명 덕분에 인터넷 분야에 제2
의 전기가 열렸기 때문이다. 인터넷 사용자들은 콘텐츠를 만들어
활용하고, 평가하며, 무엇보다 여러 사이트를 시장에 내놓고 있다.

그렇다면 웹 2.0은 무엇인가? 사용자가 자유롭게 글을 올리는
온라인 백과사전 위키피디아에는 "웹 2.0은 사용자에 의해 인식되

거나 제안된 인터넷 기반 서비스의 재생산을 뜻하며, 온라인에서 사용자 사이의 협력이나 공유가 강조됨. 여기에는 인맥형성 사이트, 위키스(wikis, 사용자가 편집할 수 있는 웹사이트), 각종 의사소통 장치, 포크소노미(folksonomy, 사용자에 의해 무작위로 분류) 등이 포함됨"이라고 설명돼 있다.

그러면 웹 2.0이 기업 세계와 무슨 관계가 있는가? 웹 2.0이 전반적인 사업계에 미치는 영향력에 회의를 품는 사람들은 〈론니걸 15(Lonelygirl 15)〉의 유명한 일화를 유념해야 한다. 2006년 여름에 유튜브와 마이스페이스에서 가장 주목받은 인물은 학교에 가지 않고 집에서 교육받던 16세 소녀 브리(Bree)였다. 브리가 수줍으면서도 조숙한 모습으로 톨스토이 이론, 거북이, 하이젠베르크의 불확정성 원리, 퍼플 멍키를 비롯한 광범위한 주제를 놓고 이야기하는 동영상에 전 세계 수백만 인터넷 사용자의 눈과 귀가 쏠렸다.

방문객 수가 늘면서, 이 모든 것이 이 외로운 소녀 혼자서 만들어낸 것이 아니라는 소문이 일기 시작했다. 음모론 제기자들은 능숙한 편집 방식과 동영상의 화질로 판단해 보건대 단순히 십대 아마추어가 실제 생활을 담아서 만든 동영상 일기가 아니라 상업적인 냄새가 난다고 주장했다.

실제 주인공 브리는 가상 인물이고, 동영상에 등장한 여성이 뉴욕필름아카데미 LA 분교를 나왔으며 그리 외롭지 않은 19세의 제시카 로즈(Jessica Rose)라는 사실이 밝혀졌다. 동영상을 제작한 사람은 캘리포니아에 사는 20대 마일즈 베켓, 메시 프린더스, 그레그 굿프라이드였다. 이들은 할리우드 탤런트 기획사 크리에이티브 아티스츠 에이전시와 계약하게 됐다. 결국 한 소녀가 가정용 비디오로 찍었다던 동영상 일기는 속이 뻔히 들여다보이는 속임수였다. 전 세계적으로 엄청난 인기를 모았지만 말이다.

론니걸 이야기에서 기업 마케팅 담당자들이 주목해야 할 점은 사생활을 공개하는 비디오에 소비자들이 보였던 반응이다. 론니걸 15는 유튜브에서 전대미문의 인기를 모으며 1위 자리를 고수했고 총 열람 횟수가 1,500만 건을 넘었다. 또 방문객끼리의 대화로 론니걸 이야기에 관심이 증폭됐으며 동영상의 형태가 발전됐다.

따라서 기업이 Y세대(국제적으로 활동하는 세대)를 대상으로 마케팅할 때, 전통적이고 구태의연한 매체에는 아예 관심을 두지 말라는 말이다. 물론 잡지와 신문, 텔레비전도 나름대로 존재가치가 있지만, Y세대는 인터넷으로 공략해야 한다.

사업 아이디어가 고무적인지 무분별한지를 어떻게 판단하는가? 답은 간단하다. 이는 판단할 수 없다. 적어도 확실하게는 말이다. 최고로 불가능해 보이던 아이디어가 엄청난 성공을 거두는 경우가 흔하다.

예를 들어 작은 상자에 조약돌을 담아 파는 게 가능하다고 누가 상상하겠는가? 그렇지만 1975년에 게리 달(Gary Dahl)은 바로 이 일을 벌였다.

광고회사 중역이던 달은 록 보톰 프로덕션을 설립하고 미국인들에게 애완용 조약돌을 팔았다. 이 돌은 소매가가 3.95달러였으며, 애완동물용 이동가방처럼 생긴 갈색 마분지 상자에 담겨 있었다. 또 애완용 돌이 기분이 안 좋을 때의 대응법과 복종훈련 방법 등이 담긴 훈련 설명서도 포함돼 있었다.

애완용 돌은 상당히 신기한 선물로 6개월쯤 큰 관심을 모았지만, 모든 유행이 그렇듯 얼마 지나지 않아 기억에서 사라졌다. 그렇지만 이 조약돌이 워낙 선풍적인 인기를 얻은 덕에 달은 일약 백만장자 대열에 올라섰다.

이와 달리 싼 가격에 빨리 움직이며 페달을 조금만 밟아도 되고 부주의한 자동차 운전자 때문에 사고 날 염려 없는 개인 이동 장비를 개발하자는 아이디어는 상당히 합리적으로 여겨진다. 어찌 보면 아주 천재적 발상이기까지 하다.

그러나 안타깝게도 싱클레어 C5에서 보듯이 이 아이디어는 실패했다. 1985년 1월에 출시된 C5는 배터리를 보조동력으로 삼는 삼륜오토바이로, 스포츠카 제조업체인 로터스가 일부 설계를 맡았고 세탁기와 요리도구, 진공청소기를 제조하는 후버가 제작했다.

이 아이디어가 BBC의 사업 아이디어 쇼 〈드래곤 덴(Dragons' Den)〉에 나왔다면, 땅에서 몇 인치 떨어진 운전석에 앉아 시속 25킬로미터로 혼잡한 도로에서 운전하면서 발생할 각종 위험에 대해 충고를 들었을 것이다. 또는 지붕이 없다는 것은 평균 120일 넘게 비가 내리는 영국 날씨를 염두에 두지 않았음을 지적받았을 것이다. 날씨 보호 장비, 거울, 방향지시기, 주변기기를 부가할 수 있다고 해도 말이다.

C5는 모터 과열, 추운 날씨에 더 빨리 닳는 배터리, 장치의 비실용성에 기타 여러 문제점이 더해져 실패하고 말았다. 이 제품은 원래 399파운드로 출시됐으나, 얼마 지나지 않아 139파운드 아래로 가격이 떨어졌다.

자료에 따라서 C5의 총생산 대수가 1만 2,000대라는 주장과 1만 7,000대라는 주장이 엇갈린다. 어쨌거나 1985년 10월 12일에 싱클레어 비히클스가 청산 절차에 들어갔음은 분명하다.

살면서 누구나 한번쯤은 제품 판촉전의 일원으로 참여하게 된다. 아침식사용 시리얼 상자 한 귀퉁이에서 상품권을 모아서 무료 티라노사우르스 렉스 인형을 받는다거나, 자동차 기름을 많이 넣고 가짜 티는 나지만 크리스털과 비슷해 보이는 유리잔 세트를 사은품으로 받는다든지 하는 식으로 말이다.

대대적인 판촉을 실시해 효과를 본 최초의 인물은 조지 워싱턴이다. 그는 1789년 대통령 선거전에서 시민들에게 기념배지를 나눠줬다. 이때의 광경은 마치 배지에 투표하기 홍보전 같았고, 조지 워싱턴은 미국 초대 대통령으로 선출됐다. 그러나 만사가 계획대로 풀리지는 않는 법이다.

때로 판촉전이 지나칠 만큼 후하게 벌어지기도 한다. 1992년에 후버는 물품창고에 쌓인 재고를 처분하려고 판촉 활동을 시작했다. 이때 후버는 자사 제품을 100파운드 이상 구입한 소비자에게 유럽행 왕복 항공권 두 장을 주겠다고 했다.

안타깝게도 후버는 엄청난 계산 착오였음을 너무 늦게 깨달았다. 이 업체는 첫 제안으로 유발된 재정난을 극복하려고 발버둥치는 동시에, 설상가상으로 미국 시장을 대상으로 두 번째 판촉전을 개시했다. 후버는 점점 통제 불능 상황으로 빠져들었다. 언론이 판촉 활동의 실상을 보도하면서 엄청난 비난의 물결이 일어났는데, 오히려 이 때문에 판촉전이 더 널리 알려졌다.

의회에서 이 문제가 제기되었고, 후버가 항공권을 주겠다는 약속을 이행하지 못하자 곧 수많은 소비자들이 이 회사를 상대로 고소했다. 결국 22만 명이 항공권을 받았지만 이로써 후버는 4,800만 파운드를 부담해야 했다.

1996년에 '펩시 스터프'를 홍보하는 여러 텔레비전 광고에 펩시 포인트를 쌓아서 교환할 수 있는 각종 경품이 소개됐다. 펩시 포인트는 펩시 제품을 구입할 때 10센트마다 1점씩 올라갔다. 텔레비전 광고의 마지막 부분에는 "해리어 제트기, 700만 포인트로!"라는 카피와 함께 해리어 제트기를 타고 학교에 등교하는 십대가 등장했다.

시애틀에 사는 존 레너드는 15포인트를 모은 뒤에 해리어 제트기를 타는 데 필요한 나머지 포인트를 구입하는 명목으로 70만 8달러 5센트짜리 수표를 동봉해 펩시에 보냈다. 여분의 돈은 경품 조항에 명기된 배송 관리비 명목이었다. 펩시에서 제트기 경품을 지급하지 않자 레너드는 회사를 고소했다. 그러나 법정 싸움에서 패소하고 말았다.

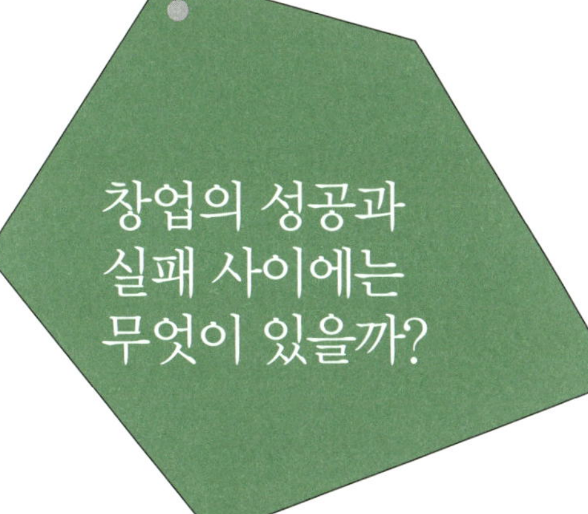

먼저 창업 실패 통계 수치부터 살펴보면 그리 긍정적이지 않다. 스몰 비즈니스 서비스 자료에 따르면 새로 문을 연 사업체 가운데 15퍼센트쯤이 5년 안에 폐업하며, 3년 뒤에는 30퍼센트가 문을 닫는다.

리처드 브랜슨, 도널드 트럼프, 빌 게이츠처럼 부유하고 유명한 기업가와 이들의 사치스러운 소비 생활을 다룬 수많은 일화가 언론에 소개된다. 그러나 이와 달리 완전히 지치고 실패하거나, 굳은 결심을 해도 절대 성공하지 못하는 사람도 많다.

기업가는 성공과 실패 사이에 드리워진 얇고 팽팽한 줄 위를 걷는다. 계속 실패하면서도 다시 일어나 결국 성공하는 사람이 있다. 그러나 다시 일어나지 못하는 사람도 있다. 또 아무리 좋은 아이디어가 있고 사업이 아주 잘되더라도 한 발짝만 잘못 내디디면 눈 깜

짝할 사이에 나락으로 떨어질 위험도 있다.

프레디 레이커 경(Sir Freddie Laker)은 기업인의 새옹지마 같은 삶의 단면을 잘 보여주는 대표적인 예이다. 1966년에 레이커는 개인 소유로 레이커 에어웨이스 항공사를 열었다. 1977년에는 레이커 스카이트레인을 설립했다. 이는 최초로 할인가격을 적용한 대서양 정기항로였으며, 라이언에어나 이지제트 같은 항공보다 훨씬 저렴했다. 그러나 안타깝게도 경쟁사가 물러서지 않았고 이어진 극심한 가격 경쟁 끝에 레이커 에어웨이스는 부채 2억 7,000만 파운드를 안고 1982년에 파산했다.

좀더 과거로 가보면 기술자 스튜어트 크래머(Stuart Crammer) 이야기는 기업가가 되고 싶은 이들에게 또 다른 교훈을 준다. 윌리스 하빌랜드 캐리어는 더위에 지친 미국인들이 간단한 조작으로 쾌적함을 누릴 수 있는 에어컨시스템을 최초로 개발한 인물이다. 캐리어는 에어컨디셔닝을 개선하고 특허를 신청한 뒤 자신의 회사 캐리어 엔지니어링 주식회사를 통해 미국 전역에서 대대적인 판매에 들어갔다.

그러나 정작 에어컨디셔닝이라는 말을 만든 사람은 캐리어가 아니었다. 이 이름을 처음 쓴 사람은 노스캐롤라이나 주 샬럿 출신인 스튜어트 크래머였다. 그는 해군사관학교와 마인즈 콜롬비아 대학을 마치고 기술 훈련을 받았다. 이어 1900년대 초반 남부의 여러 주에서 상당히 많은 섬유업체를 세웠다.

그는 여러 직물 제조 공장에서 습도를 유지하는 장치를 설계하고 '크래머 에어컨디셔닝 시스템'으로 특허를 출원했다. 1906년에 열린 면직물 제조업자 총회에서 크래머는 "나는 습도유지와 공기 정화, 난방과 통풍이라는 개념을 모두 포함하려고 '에어컨디셔닝' 이라는 용어를 썼다"고 했다.

그러나 크래머에게 전망이 부족했다는 점이 문제였다. 위대한 기업가는 크게 생각한다. 그러나 크래머는 미국 전체를 보지 못하고 그저 면직 업계만 생각했다. 이에 비해 캐리어는 에어컨디셔닝의 활용범위를 넓게 봤다. 이 결과 캐리어는 위대한 20세기 기업가로 추앙받지만 크래머 인생에는 아무도 관심 없다.

그렇지만 창업 초기에 가망성 없어 보인다고 실망할 필요는 없다. 패배를 통해서 승리를 쟁취할 가능성도 얼마든지 많다. 1977년에 풀 컴퍼스 시스템스가 문을 열었다. 위스콘신 주 미들턴에 있는 이 업체는 오디오와 비디오, 조명 장비를 판매했다. 회사는 창업 첫 해에만 두 번이나 강도를 당했고 보험이 취소됐으며 경영자는 집세를 낼 수 없는 지경까지 이르렀다.

회사를 살리는 마지막 시도라는 각오로 조나단과 수전 부부는 십대 아들에게 도움을 청했다. 두 아들은 13세 때 유대교 성인식에서 받은 돈을 털어서 부모 회사에 500달러씩 투자했다. 1999년에 이 회사는 직원 150명에 연 수입 4,500만 달러 규모로 성장했다.

모두 빌 게이츠나 리처드 브랜슨처럼 위대한 경영자가 되기는 불가능하다. 어쨌든 많은 사람이 틀에 박힌 직장 생활을 하며 월급을 받는 노예 생활에서 벗어나는 방법으로 기업가의 길에 들어선다. 그러나 성공한 기업가가 되려면 확실한 자질이 있어야 한다.

먼저 주요한 사업 기술이 절대적으로 필요하다. 물론 운이 좋아서 성공하는 사람도 있다. 그러나 성공한 기업가는 대부분 운영, 마케팅, 재무, 전략, IT 같은 사업의 기본 사항을 상당히 잘 파악하고 있다. 이들은 자신이 모르는 사항을 찾아내서 상당히 빠르게 습득한다.

창업자가 모르는 사항이 있으면 이를 아는 사람을 합류시킨다. 이 때문에 한 사람보다 두 사람이 운영하는 기업이 훨씬 더 성공한다. 마이크로소프트의 빌 게이츠와 폴 앨런, 애플의 스티브 워즈니악과 스티브 잡스, 휴렛패커드의 데이브 패커드와 빌 휴렛이 이런 예이다.

사업 관련 사항을 왜 알아야 되는가? 이는 창업 초기는 물론 사업 과정에서 창업자의 진두지휘에 따라 성패가 결정되기 때문이다. 또 실무에서 조금 물러나더라도 다른 사람이 회사에 손해를 미치는지 확실히 파악해야 한다.

기업가는 사업 기술과 지식은 물론이고 다른 특성도 지녀야 한다. 여기에는 훌륭한 의사소통 기술, 융통성, 협상 기술, 팀의 일원으로 일하는 능력과 다른 사람의 의욕을 북돋아주는 능력, 인맥을 넓히는 기술 등이 포함된다.

이런 특성 가운데 주요한 두 가지는 상황에 예속되지 않는 낙관적인 자세와 끈기이다. 최고로 성공한 기업가는 이 과정에서 실패와 실망을 경험하기 마련이지만, 언젠가는 성공하리라는 신념 아래 그저 무시하고 계속 전진한다.

예를 들어 제임스 다이슨(James Dyson)은 혁신적인 듀얼 사이클론 청소기가 출시되기도 전에 해마다 특허를 갱신하면서 내는 엄청난 수수료 때문에 파산 직전까지 갔다. 그는 수년 동안 제품을 개발하면서 온갖 위험을 감수했지만 결국 이 덕에 크게 성공했다.

혁신 역사상 가장 유명한 순간은 고대 그리스 시대에 목욕탕에서 일어났다고 봐도 좋을 것이다. 발명가이자 수학자인 아르키메데스는 목욕하다가 몸이 뜨는 원리에 숨은 진리를 어렴풋이 알아냈다. 섬광처럼 떠오른 천재적인 생각에 흥분한 그는 발가벗은 채 시라쿠사 거리로 뛰어나가 '유레카(Eureka, 알아냈다)'를 외쳤다.

유레카 순간은 현대 사업계에서 상당히 높이 평가된다. 실제로 많은 글과 서적에서 혁신은 조직 경쟁력에서 주요 요소라고 강조한다. '혁신 아니면 죽음'이라는 문구가 인용된다. 기업의 서비스 분야에는 창조성, 창조적으로 생각하는 방법, 창조적으로 되는 방법, 창조성을 포착하는 방법을 교육하는 수많은 업체가 있다.

많은 기업들이 창조성을 발휘하는 사무실, 편한 소파, 초콜릿과 과자 등 머리를 좋게 하는 막대한 양의 음식을 마련해두고 있다.

IDEO는 국제적으로 성공한 디자인 업체로 창조성에 기업의 사활을 걸고 있다. 이 디자인 에이전시는 창조적 문화를 육성하기 위해 직원들이 무질서를 기꺼이 받아들이고 전통 관습에 반기를 들게 격려한다. 직접 몸으로 부딪치며 각종 아이디어를 시험하게 견본 재료와 도구를 제공해 혁신 과정을 촉진한다.

브레인스토밍과 수평적 사고(상식이나 기성관념에 근거를 두지 않는 사고방식—옮긴이), 마인드맵과 기타 각종 도구와 기법을 다룬 여러 이론이 있지만, 최고의 사업 아이디어는 대체로 운 좋게 우연히 발견되거나 열심히 일하는 과정에서 나온다.

1979년에 휴렛패커드의 한 기술자는 일정한 방식으로 잉크가 가열되면 번짐이 일어남을 알아냈다. 이 발견은 열을 이용해 분사하는 잉크젯 프린터 사업을 시작하는 기반이 됐다. 한편 에어컨 발명자 윌리스 하빌랜드 캐리어는 피츠버그 기차역의 습기 가득한 플랫폼에 서 있다가 안개에 휩싸였다. 그 순간 그는 방 안의 습기를 조절하는 문제를 해결하려면 역설적으로 인공 안개를 만들면 된다는 것을 깨달았다. 이렇게 해서 그는 액체가 기화하는 과정에서 주위 열을 빼앗는 원리를 이용해 온도를 낮추는 시스템을 고안했다.

복합기업 3M에서 한 연구원이 접착력이 약한 접착제를 만들었을 때만 해도 이 새로운 발명이 상업적으로 어떤 가치가 있을지 불분명했다. 이 회사 화학 기사 아트 프라이는 여가 시간에 합창단에서 노래했는데, 마침 책갈피가 떨어져 찬송가 페이지를 표시할 방법을 찾던 중이었다. 그는 약한 접착제로 책갈피를 여러 페이지에 임시로 붙여놨다. 그런 다음에 작성 중이던 보고서에 종이를 붙이는 데 이용했다.

이렇게 해서 나온 포스트잇의 사용 용도를 소비자들이 몰랐기 때문에 처음에는 반응이 느렸다. 그러나 회사 대변인이 사용법을 설명하고 나자 접착력 있는 작은 종이는 성공 가도를 달렸다.

한편 아주 위대한 사업 아이디어를 내자면 약간 정신이 나가야 할 것이다. 전기면도기를 발명한 미국인 제이콥 쉬크는 남성들이 날마다 올바르게 면도하면 120세까지 살 수 있다고 믿었다고 한다. 안타깝게도 쉬크는 1937년 59세로 사망했다.

영국에서 정식으로 주식회사를 세우는 데 드는 법적 수수료는 50~150파운드쯤이다. 그러나 이 비용만으로 창업할 수 없다. 상업 활동을 하려면 돈이 든다. 상품 또는 원자재나 각종 도구와 사무 장비를 구입해야 하고, 마케팅에도 돈이 들며, 경우에 따라 직원을 고용해 월급을 지불해야 한다.

그렇지만 거의 무일푼으로 시작해서 크게 성공한 기업도 있다. 월트 디즈니는 삼촌에게 500달러, 형 로이에게 200달러, 부모에게 2,500달러를 빌려서 사업을 시작했다. 부모는 이 돈을 빌려주려고 집을 저당 잡히기까지 했다.

휴렛패커드는 538달러를 자금으로 1939년에 설립됐다. 1923년 봄에 레이먼드 루비캠이 광고 에이전시 영 앤드 루비캠을 설립할 때 가진 것이라곤 달랑 5,000달러였다. 거래처는 신발 끈 끝부분을 만드는 기계를 팔던 퀵 티퍼 한 곳뿐이었다.

허브 켈러허가 사우스웨스트항공 사업 계획을 끼적인 곳은 냅킨 뒷면이었다. 켈러허는 1만 달러를 마련해서 1967년 3월에 회사를 세웠다. 프랭크 울워스는 1879년 2월 한 토요일 저녁에 뉴욕 유티카에 '최고의 5센트 상점'의 첫 매장을 열었다. 이 매장은 321달러 상당의 5센트짜리 상품으로 채워져 있었다. 울워스가 처음 판매한 것은 부삽이다.

필 나이트는 육상 코치 빌 바워먼(Bill Bowerman)과 공동으로 1964년에 블루 리본스 스포츠를 세웠다. 나이트와 바워먼은 500달러씩 투자했다. 이 회사는 1971년에 나이키로 이름을 바꿨다. 1886년에 윌리엄 크라포 듀랜트(William Crapo Durant)는 은행에서 1,500달러를 대출해서 플린트 로드 카트 컴퍼니를 설립했다.

이후 듀랜트는 뷰익, 시보레, GE를 소유하게 됐다. 최근 사례로 1984년 마이클 델은 1,000달러로 델컴퓨터를 시작했다. 카렌 빌리모리아(Karan Bilimoria)는 2만 파운드 상당의 학자금을 융자해 코브라맥주를 열었다.

이와 반대로 대규모 창업자금을 투자한 경우를 살펴보자. 벤처 캐피털 업계의 선구자 아서 록은 한 장 반짜리 사업계획서로 사설 자금을 550만 달러나 조성했다. 그는 이 돈으로 마이크로프로세서 제조업체인 인텔을 세웠다.

요약하면, 위대한 기업이 되는 데는 창업자금보다 훨씬 중요한 요소가 아주 많다.

스티브 잡스, 빌 휴렛, 월트 디즈니의 공통점은? 물론 차고이다. 그저 일반 차고가 아니라 창조의 요람이자 발명의 온실 말이다. 세 경우 모두 수십억 달러에 이르는 기업을 탄생시켰다. 사람들은 '차고' 하면 기름때 묻은 천 조각과 수리공, 자동차 수리 청구서를 떠올린다. 그러나 기업가에게 '차고'는 사업의 성패를 가르는 공상과 브레인스토밍, 창조적 천재를 연상시킨다.

월트 디즈니는 동생 로이와 함께 할리우드 북부에 있는 삼촌의 차고에 디즈니 브라더스 스튜디오를 설립했다. 그리고 첫 만화 영화를 판매한 뒤 할리우드의 부동산 사무소 뒤로 이사했다. 나무로 지은 이 소박한 차고는 살아남았다. 이곳은 1984년에 해체 위험에서 벗어나 현재 스탠리 랜치 박물관이 들어서 있다.

데이브 패커드가 스탠퍼드 대학에서 빌 휴렛을 만난 1930년대만 해도 이 대학이 위치한 팔로알토(Palo Alto. 이후 첨단기술 연구단지인 실리콘밸리 조성 후 급성장—옮긴이) 지역에서 가장 유명한 것은 자두였다. 그러나 오래가지 않아 상황이 바뀌었다. 1939년에 데이브와 빌은 차고에 회사를 차렸다.

처음에 패커드는 발명가들에게 장소를 대여하는 사업을 하자고 생각했다. 그러나 얼마 지나지 않아 발명정신이 생각을 바꿔놨으며, 두 사람은 아주 기발한 기계장치를 수없이 개발했다. 체중 감소를 돕는 전기충격장치와 소변을 본 후 자동으로 물이 내려가게 하는 광학장치 등이 있다. 이 가운데 음향장치로는 실제로 돈을 벌어들여 첫해에 1,539달러를 남겼다. 두 사람은 1940년 차고에서 이사했다.

이후 1970년대에는 차고에서 개인용 컴퓨터 혁명이 일어났다. 스티브 잡스와 스티브 워즈니악은 잡스의 침실에서 애플 I 컴퓨터를 설계했고 차고에서 견본을 만들었다.

많은 사람이 헨리 포드도 차고에서 사업을 시작했을 것으로 짐작한다. 당시는 오늘날 같은 차고가 없었다. 자동차가 대중화되기 시작한 1920년대에는 자동차를 말이나 마차와 함께 경마차고에 세워두었다. 이어서 넓은 공공 차고나 개인 차고를 빌려 주차했다. 시간이 흘러 주차할 차가 많아지면서 집 옆에 현대식 차고가 생겼다.

따라서 포드는 포드 자동차 쿼드리사이클 견본을 자신의 집 석탄창고에서 만들었다. 이때 그는 자동차가 완성된 뒤 밖으로 빼낼 공간이 필요하다는 점을 미처 생각하지 못하고 작업했다. 그 덕분에 새 발명품을 완성한 뒤 시운전할 때는 창고 한쪽을 부숴야 했다.

1980년대에 할리우드에서는 하이 콘셉트가 완전히 대유행이었다. 하이 콘셉트는 실제로 보고 싶은 생각이 들게 영화의 정수를 간단한 몇 문장에 담아내는 것을 말한다. 예를 들어 영화 작가가 엘리베이터에서 스티븐 스필버그 감독을 만난다면, 할리우드 거장이 내릴 층에 닿기 전에 영화 개요를 간략하게 설명하는 것이다. 엘리베이터가 올라가는 짧은 시간에 아이디어를 제대로 설명하는 최선책은 기존 영화를 예로 드는 것이다. 따라서 〈에일리언〉은 '우주선을 배경으로 한 〈조스〉', 〈스피드〉는 '버스를 배경으로 한 〈다이하드〉' 식으로 설명됐다.

이후에 닷컴 열풍이 분 1990년대에 기업가들은 수백만 달러나 되는 인터넷 시장을 놓고 경쟁하면서 시간에 쫓기며 살았다. 그래서 이들은 하이 콘셉트를 발전시킨 엘리베이터 피치(elevator pitch)

를 만들었다. 과거에 수많은 작가들이 영화계 주요 인물에게 그랬던 것처럼, 닷컴 백만장자가 되려는 컴퓨터 천재들이 벤처 캐피털 업체의 전설적 본산지 실리콘밸리의 샌드힐 로드에서 벤처 투자가들에게 다가가 자신의 아이디어를 홍보했다. 그리고 퍼스트 튜스데이(First Tuesday. 투자자를 찾는 전문 기술업체나 기업가를 위한 네트워크 포럼-옮긴이) 등의 수많은 닷컴 네트워크 단체들이 전 세계에서 생겨나 정기적으로 투자 박람회를 열었다.

이후 닷컴 거품이 사라졌고 할리우드에서 하이 콘셉트가 구식(적어도 당분간)이 됐지만, 엘리베이터 피치는 여전히 남아 있다. 이는 비즈니스 스쿨 MBA 학생들과 기업가 양성 프로그램 참가자가 기본적으로 거치는 과정이다.

모나코 국제대학 경영학과의 한 교수는 엘리베이터 피치라는 말 그대로 학생들에게 실제로 엘리베이터가 올라가고 내려가는 짧은 사이에 프레젠테이션하게 하고 있다. 엘리베이터의 1층 버튼을 벤처 캐피털 자금이라고 불러도 될 만하다.

자선사업을 어떻게 생각하는가? 자금시장이나 기술업체 설립이나 약삭빠른 투자 등 어떤 방법이 됐든 일단 돈을 벌었다고 치자. 이제 어떻게 해야 하는가? 많은 경우 전부 또는 일부를 환원해야 한다고 답할 것이다.

놀랍게도 지구상에서 가장 부유한 사람들은 마찬가지로 기부를 가장 많이 한다. 세상에서 가장 부자인 빌 게이츠는 300억 달러로 빌 앤드 멜린다 게이츠 재단을 설립하여 대부분의 시간을 여기에 바치고 있다. 또 워렌 버핏도 자신이 창립한 버크셔 해더웨이 지분의 85퍼센트를 앞으로 몇 년 동안 사회에 기부하기로 했다. 대부분은 빌 앤드 멜린다 재단에 기부한 뒤 여러 단체로 분배하게 할 작정이다.

자선 행위는 전혀 새로울 게 없다. 역사상 위대한 사업가 중 일부는 오랫동안 지속되는 재단을 설립했다. 앤드류 카네기는 강철 왕국을 설립한 인물일 뿐만 아니라 자선사업가로도 기억된다. 카네기는 자신의 도덕적 신념에 따라서 1919년 사망하기 전에 이미 3억 5,000만 달러를 기부했다. '인류 발전을 위해' 설립된 카네기 신탁자금은 공립도서관 3,000개와 카네기피츠버그 대학, 카네기 기술 대학, 카네기워싱턴 대학 설립에 도움을 줬다.

이스트먼 코닥을 설립한 조지 이스트먼은 회사 직원들에게 자선 정신을 실현했다. 1899년에 사재를 털어 직원들에게 상당한 금액을 나눠주었다. 1919년에는 회사 지분의 3분의 1(1,000만 달러 상당)을 직원들에게 배분했다. 또 직원들에게 퇴직연금, 생명보험, 장애자 혜택을 제공했다.

이스트먼은 '스미스'라는 이름으로 MIT에 2,000만 달러를 기부했다. 몇 년 동안 신비로운 스미스의 신원을 놓고 갖가지 추측이 나온 뒤에야 그라는 사실이 밝혀졌다. 심지어 이스트먼은 MIT 연례 동창회 만찬에서 사회자가 '스미스'를 위해 건배하자고 할 때 천연덕스럽게 함께 잔을 올리기까지 했다.

현대 사업계의 거물들은 새로운 방식으로 자선사업에 참여한다. 이베이를 설립한 피에르 오미디아(Pierre Omidyar)는 생전에 자신의 재산 99퍼센트를 나눠주는 운동에 참여했다. 이런 운동은 벤처자선(venture philanthropy)이라고 한다. 이는 탄탄한 사업계획을 제시하며 수익 경향 등에서 주요 기준을 충족시키는 업체에 자금을 지원하는 것이다.

진정한 자선 행위에는 돈이 들기 마련이며, 여러분의 자녀가 이를 달갑지 않게 생각할 수도 있다. 그렇지만 기부 활동으로 많은 선을 행할 수 있으며 여러분의 행복감도 올라갈 것이다. 또 여러분이 사망한 뒤에도 오랫동안 사람들의 기억에 남아 있는 이점도 있다. 유콘 골드 컴퍼니를 기억하는 사람은 몇 안 되지만 수백만 명이 뉴욕에 있는 솔로몬 R. 구겐하임 박물관을 알고 있다.

승자가 가르쳐주는 성공 법칙

초판 1쇄 인쇄	2009년 2월 2일
초판 1쇄 발행	2009년 2월 9일
지은이	스티브 쿰버, 마크 우즈
옮긴이	신승미
펴낸이	이대희
펴낸곳	지훈출판사
기획편집	허남희
디자인 제작	심정희
마케팅	신진식, 윤태영
교정, 교열	이상희
경영지원	안지영, 김정미
공급처(서경서적)	전화 02-737-0904 팩스 02-723-4925
출판등록	2004년 8월 27일 제300-2004-167호
주소	서울시 종로구 필운동 278-5 세일빌딩 지층
전화	02-738-5535~6
팩스	02-738-5539
E-mail	jihoonbook@naver.com

편집저작권ⓒ2009 지훈출판사
ISBN 978-89-91974-22-7 13320